中国语言生活绿皮书
国家语言文字工作委员会发布

中国方言文化典藏调查手册

主　编：曹志耘
副主编：王莉宁　刘晓海
作　者（按音序排列）：

曹志耘　李　斌　李永新　刘晓海　王莉宁　杨慧君　张勇生

省（市直辖、自治区、特区）	
地区（市地级、自治州、盟）	
县（市县级、区、自治县、旗）	

2020 年·北京

图书在版编目(CIP)数据

中国方言文化典藏调查手册/曹志耘主编.—北京：商务印书馆,2015(2020.6重印)
(中国语言生活绿皮书)
ISBN 978-7-100-11457-8

Ⅰ.①中⋯ Ⅱ.①曹⋯ Ⅲ.①汉语方言—语言调查—手册 Ⅳ.H17-62

中国版本图书馆 CIP 数据核字(2015)第 143479 号

权利保留,侵权必究。

中国方言文化典藏调查手册
曹志耘 主编

商 务 印 书 馆 出 版
(北京王府井大街36号 邮政编码100710)
商 务 印 书 馆 发 行
北京艺辉伊航图文有限公司印刷
ISBN 978-7-100-11457-8

2015年8月第1版　　　　　　开本787×1092 1/16
2020年6月北京第2次印刷　　印张 8¾
定价:22.00元

《中国语言生活绿皮书》说明

《中国语言生活绿皮书》由国家语言文字工作委员会发布,旨在贯彻落实《中华人民共和国国家通用语言文字法》,提倡"语言服务"理念,引导社会语言生活和谐发展,为构建和谐社会做贡献。

《中国语言生活绿皮书》分 A、B 两个系列,各自连续编号发布出版。

A 系列是语言文字"软性"规范。语言文字规范标准制定难度大、涉及面广,往往需要较长的试行试用过程;许多语言文字现象具有弹性,不易在短期内形成共识或不宜做"硬性"规定;语言文字信息处理等领域急需相应规范,但一时又难以妥帖制定。以《中国语言生活绿皮书》的形式发布一些"软性"规范,是为了适应语言文字规范制定的复杂情况,满足社会语言生活的多种需求。

A 系列的作用是引导社会语言文字应用,向社会提供参考,并鼓励采用。规范加上"草案"字样,以与国家正式的语言文字规范有所区别。有些"软性"规范通过试用完善,可以升为正式规范。

B 系列是中国语言生活的状况与分析,主要发布语言生活的各种调查报告和实态数据。国家发展的历史进程中,会遇到不少语言文字问题;世界语言生活风云万千,会对参与世界事务越来越多的中国发生各种影响。了解国内外语言生活状况,研究现实语言生活问题,对制定科学的语言规划、保护与开发语言资源、保证语言生活的和谐与活力,具有十分重要的意义。

B 系列是"实态"性质的:报告内容是实态的,语言数据的统计及其技术也是实态的。及时发布语言生活的实况与数据,就像发布水文监测、空气质量监测和气象监测数据一样,能为国家相关部门的决策提供参考,为语言文字研究者、产品开发者和社会其他应用者提供语言服务。

《中国语言生活绿皮书》是开放的。发布的内容不局限于国家语言文字工作委员会的科研项目,也吸纳社会优秀成果。《中国语言生活绿皮书》的出版也是开放的,欢迎各家出版社加入出版行列,出版内容和出版单位的选定,都遵循一定的遴选程序。

许嘉璐先生为《中国语言生活绿皮书》题字。国家语委历任领导都很关心《中国语言生活绿皮书》的编辑出版工作。相关课题组做出了贡献,一些出版单位和社会人士也给予了支持与关心。在此特致谢忱!

教育部语言文字信息管理司

目 录

第一编　工作规范

壹　调查规范 ··· 3
贰　语料整理规范 ·· 23
叁　图册编写规范 ·· 40
肆　音像加工规范 ·· 45
伍　资料提交规范 ·· 59

第二编　调查表

零　概况 ·· 63
壹　房屋建筑 ·· 79
贰　日常用具 ·· 84
叁　服饰 ·· 90
肆　饮食 ·· 95
伍　农工百艺 ·· 99
陆　日常活动 ·· 107
柒　婚育丧葬 ·· 113
捌　节日 ·· 118
玖　说唱表演 ·· 124

后　记 ··· 130

第一编

工作规范

壹 调查规范*

一 调查地点

调查点以汉语方言为主,也包括少数民族语言。汉语点主要以方言分布情况为依据,同时兼顾地域因素。少数民族语言选择比较重要并有研究力量的点。

调查点的区域范围一般以县级行政单位为限,但如果调查点是大中城市(例如北京),可包括城区周边的市辖区。方言调查以本县内某个具有代表性的地点为准,从其他地点获得的方言材料需由该地点的主要发音人发音。文化调查以方言调查地点为主,同时在本县其他地区搜集材料。

说明:

1."方言调查"指方言音系的记录和归纳,方言词语、方言文艺语篇的记录(或转写)、录音和发音摄像。"文化调查"指对调查条目的实物、活动、演示、表演进行文化摄像和照相。

2."方言文艺语篇"指"玖 说唱表演"的"俗语谚语、歌谣、曲艺戏剧、故事吟诵"部分,在本书里简称"语篇"。

3."发音摄像"指对发音人的发音过程(例如说"屋"这个方言词的样子和声音,不是指口形)进行摄像,"文化摄像"指对一些方言文化现象本身(例如"上梁")进行摄像。

二 调查对象

1. 发音人

每个调查点以1名发音人(即主要发音人)为主,但"玖 说唱表演"的"俗语谚

---

* 本书"工作规范"主要针对汉语方言,调查研究少数民族语言时可参照执行,专用于少数民族语言的规范另行制定。

语、歌谣、故事吟诵"可由不同发音人提供,"曲艺戏剧"由表演者提供。

主要发音人条件:

(1)男性,调查时年龄在60岁以上,必要时可适当放宽。

(2)在当地出生和长大,家庭语言环境单纯(父母、配偶均是当地人),未在外地长住,能说地道的当地方言。

(3)具有小学或中学文化程度(一般不宜选择大专及其以上文化程度的)。

(4)具有较强的思维能力、反应能力和语言表达能力,发音洪亮清晰。

辅助发音人的条件可根据具体情况灵活掌握。

2. 文化调查的调查对象

文化调查的调查对象是指协助调查人进行文化摄像、照相并做相关介绍说明的本地人。文化调查的调查对象视需要而定,发音人也可兼任。

三 调查内容

调查内容包括"概况"(调查点、主要发音人、其他发音人和调查对象、调查人、调查情况、音系)和方言文化调查条目,详见"第二编 调查表"。

表1 方言文化调查条目分类

	一	二	三	四	五	六
壹 房屋建筑	住宅	其他建筑	建筑活动			
贰 日常用具	炊具	卧具	桌椅板凳	其他用具		
叁 服饰	衣裤	鞋帽	首饰等			
肆 饮食	主食	副食	菜肴			
伍 农工百艺	农事	农具	手工艺	商业	其他行业	
陆 日常活动	起居	娱乐	信奉			
柒 婚育丧葬	婚事	生育	丧事			
捌 节日	春节	元宵节	清明节	端午节	中秋节	其他节日
玖 说唱表演	口彩禁忌	骂人话	俗语谚语	歌谣	曲艺戏剧	故事吟诵

表2　各部分的调查要求

要求		零	壹—捌	玖		
				词语		语篇
		概况_{除音系外}	音系	词语	口彩禁忌、骂人话	俗语谚语、歌谣、曲艺戏剧、故事吟诵
方言调查	笔记汉字和音标	√	√	√	√	
	据录音视频转写汉字和音标					√
	录音		√	√	√	√
	发音摄像		√	√	√	√
文化调查	文化摄像			按"摄"规定		
	照相			√	√	√

"调查内容"的限定：

1. 调查内容以"活态"（今天仍然存在和使用的）方言文化现象为主。但1949年以后"活态"今天非"活态"的现象（例如油灯），也要尽量收集。

2. "有名无物"现象：如果该事物是"以前（1949年以后）有，现在无"（例如"炕"、"镉碗"），应记录，并在模板表的"备注"列加以说明。如果该事物是"外地有，本地无"（例如"水饺"），不记录，不说明。

3. "有物无名"现象（例如有"屋脊"这个物体，无相应的方言名称）：应拍照，记录描述性词语，并在模板表的"备注"列加以说明。注意有的条目可向当地专业人士求证。

四　调查方法

1. 总说

（1）每个调查点组建一个调查团队。调查团队负责人或主要成员应为母语人，否则必须在当地工作，调查团队中应有1名熟悉录音、摄像、照相和电脑技术的工作人员。

（2）课题组给每个调查点提供一个"调查点文件包"，里面包括"软件和样本"、"需交文件电子版"两大部分内容。

（3）所有调查都在调查点实地进行，摄录工作可视具体情况选择适当场所进行。

2. 准备阶段

（1）在调查点范围内选择具有代表性的地点。

（2）物色发音人。

给发音人讲解"调查规范"和"调查表"中的相关内容，让发音人熟悉有关要求和材料，做好必要的准备。"玖　说唱表演"需先进行"预调查"。"规定故事"应提前把文本交给发音人,让发音人熟悉故事的内容,并有所准备,录音时用方言把故事的意思自然地讲述出来(讲述时不可以看文本),内容可发挥,篇幅可加长。

(3)选择录音场所,进行录音和发音摄像的准备工作。

3. 调查阶段

(1)在"调查表"上记录"零 概况",其中"音系"只分别记例字的声调、声母、韵母。如果某个字该方言不说,记作"(无)"。

在"调查表"上整理出声韵调系统,声韵调可据词语等材料补充,声母、韵母的排列方式参照北京大学中国语言文学系语言学教研室编《汉语方音字汇》(语文出版社,2003年),各声韵调都要配例字(声调表直接在调查表上把例字和调类划在一起,声母表把全部声母调查用字分别写到相应的声母后面,韵母表把全部韵母调查用字分别写到相应的韵母后面)。在"关于音系的说明"页上详细写明整理音系时所做的处理。

(2)在"调查表"上记录"壹—玖"。本部分内容必须先用笔记在纸版"调查表"或专门的记录本上,不能直接记在模板表文件里。

每部分的第一行(黑体字)是"小类",第二行(楷体字)是"条目"。条目是用来提示和举例的,调查时应根据调查点的实际情况,参考调查表所列条目,把方言中属于该小类的条目记在下面的空白处。受编号所限,每个小类下最多可记 9 个条目(必要时可分双栏记)。新增条目如果不能纳入现有的小类,一律归入该中类最后的 3 个"增补"小类。

每个条目(方言词语)先写 5 位数编号,即在小类编号的后面加上"1"、"2"、"3"等(最大不能超过"9")。再写汉字,音标紧跟在汉字后面。

语篇部分每条只写开头第一句话(只写汉字不记音标),完整内容待据录音和视频转写到 word 文档里。

调查记录示例:

1101 房子(整体外观)

　　平房,楼房,单排房,多进房,四合院式,吊脚楼,干栏式,围屋,茅屋,窑洞

11011 屋 Øɔ55

11012 老屋 lə 11Øɔ 55

11013 茅铺 mə113phu0/ 铺 phu52

9401 童谣(儿歌)

　　例如:一二三四五,上山打老虎;老虎没打到,见到小松鼠;松鼠有几只?让我数一数;数来又数去,一二三四五。又如:你拍一,我拍一……

94011 一二三四五

94012 你拍一

注意记出"一词多说"现象("一词多说"指同一个概念有多个说法，例如把茅屋叫作"茅铺"、"铺"），"一词多说"按自然度和常用程度降序排列，各词之间用斜线"/"隔开。

如果某个"小类"方言不说（即在该小类未记到任何条目），记作"（无）"。

注意方言用字问题。

（3）根据"调查表"上所记录的调查结果，修改或填写音系、词语、语篇3个"录音用表"里"方言"列（表中以彩底显示）的内容。录音用表一律由课题组统一提供。（录音用表位于"调查点文件包\需交文件电子版\语料整理\录音"文件夹里）

音系录音用表：分两部分。"01011 东"至"03254 局"是"调查表"里"音系"的例字，需根据调查结果修改"方言"列里的汉字，即留下可读的汉字，不标音；删去不读的汉字，并标作"（无）"。如果一字有多个读音，用斜线"/"表示，写作"东/东"、"该/该/该"的形式（一音写一字）。

在一些方言里，有的音（比如韵母）仅靠现有"音系"例字可能调查不出来，"09101 补字"至"09350 补字"就是用于增补这类例字的，其中"09101 补字"至"09110 补字"用于增补声调例字，"09201 补字"至"09210 补字"用于增补声母例字，"09301 补字"至"09350 补字"用于增补韵母例字。需根据调查结果把"方言"列里的"补字"改为新增补例字，把同一行"调查条目"列里的"补字"改为相同的例字。例如第一个"补字"如果是"波"，"方言"列的"补字"2字改为"波"，"调查条目"列的"09101 补字"改为"09101 波"。注意每个新增的声调、声母或韵母限增补1个例字。表中未使用的"补字"条目保留原样即可。

词语录音用表：根据调查结果把方言词语的汉字填写到"方言"列。例如，如果在"1101 房子"这个小类里记了"屋"、"老屋"、"茅铺/铺"3个条目，需把它们分别填写到"11011 房子"、"11012 房子"、"11013 房子"前面的框里（即"方言"列）。录音用表里每个"小类"预设9个条目，无对应方言词语的框（例如从"11014 房子"至"11019 房子"这6条前面的框）一律标作"（无）"。如果一词有多种说法，用斜线"/"表示，写作"茅铺/铺"的形式。"有音无字"者用"#1"、"#2"、"#3"等加音标的方式表示，例如"#1［xat2］"（参看"壹·九·（二）·7"）。

语篇录音用表：根据调查结果把方言语篇开头第一句话的汉字填写到"方言"列，其他做法同词语录音用表。

说明：如果先填写模板表再录音，可把词语、语篇模板表里的有关内容粘贴到词语、语篇录音用表里，以节省时间。粘贴后注意进行必要的检查和调整（例如一词多说的写法）。

（4）用录音软件和录音用表进行录音，发音摄像同步进行（文化摄像另在活动现场进行）。（录音软件 byly 和 Audacity 及其说明文件位于"调查点文件包\软件和样本\录音软件"文件夹里）

"玖 说唱表演"的"曲艺戏剧"以及划拳用语、敬酒歌等个别条目可能需要在活动现场进行录音和发音摄像。如果在活动现场不便使用录音软件,可用便携式录音机录音,或从视频中提取录音文件(不单独录音)。

(5)文化摄像和照相(即"文化调查")可与"方言调查"分开,并在一年中的不同时间持续进行。一些平时难以见到或已失传的方言文化现象,可以请人专门演示(例如一些手工艺、游戏),或通过当地博物馆、文化馆等搜集材料(例如一些传统用具),必要时也可通过网络征集等手段来补充材料。

"文化调查"中新发现的内容可补充到调查条目中去,请主要发音人集中发音并进行记录、录音、发音摄像。

说明:

1. 所有录音文件都要及时复听,以检查录音的效果和质量。所有视频和照相文件都要及时复看,以检查摄像、照相的效果和质量。为使调查材料符合要求,可把调查初期得到的部分录音、视频、照片文件交给课题组审核。

2. 同一个调查条目,如有多张照片或多段视频,需及时删除完全重复或效果不好的。留下来的资料应可直接用于典藏资料库、图册、多媒体电子出版物、网站。

3. 本课题需多次赴实地进行调查,调查方式多样,调查对象较多,因此,调查过程和程序可根据具体情况灵活安排。前面几次的调查可先搜集容易调查到的内容,后面再进行查漏补缺。如是母语,前面几次可先进行"文化调查"(即文化摄像和照相),"方言调查"可在后期进行。不管怎样,"方言调查"的录音和发音摄像应在其他调查工作全部完成后集中进行。

4. 调查结束时应请发音人签署全部调查资料的授权书,从其他调查对象调查得到的音像图片必要时应获取调查对象的书面授权。如使用由他人提供的音像图片必须获取版权所有人的书面授权。

5. 在调查和整理过程中,应注意参考当地方言文化已有调查研究文献和资料。

五 录音

(一)录音器材

以下两种方案可任选一种,其中"器材方案②"适合较熟悉电脑录音器材的人。只要录音参数和录音质量能够达到规定要求,也可使用其他型号的器材。

1. 器材方案①:笔记本电脑+专业录音话筒

(1)笔记本电脑:运行噪音低的笔记本电脑,例如联想ThinkPad X、T系列(2G以上内存,USB2.0以上接口,Windows XP、Windows 7或Windows 8操作系统)。

（2）话筒（心形指向、全指向可调；话筒内带声卡）：SAMSON C03U。

（3）防喷罩：奥创 Alctron MA016。

（4）话筒支架：得胜 NB-102。

2. 器材方案②：笔记本电脑＋专业 USB 外置声卡＋专业录音话筒

（1）笔记本电脑：同"器材方案①"。

（2）外置声卡：TASCAM US-144MKII。

（3）话筒（头戴式，心形指向）：AKG C420。

（4）监听耳机（调查人用）：AKG K99。

注：心形指向话筒用于单人发音，全指向话筒用于多人说唱。SAMSON C03U 话筒具有指向切换功能，居中为心形指向，右侧为全指向，左侧为 8 字形指向。（选择心形指向录音时要将带有"SAMSON"标志的一面朝向发音人）

如果在个别情况下不便使用上述器材，亦可用便携式录音机录音。录音时应使用具有 PCM（*.wav）录音格式的专业便携式录音机，推荐索尼 PCM-M10、奥林巴斯 Ls-11、Edirol R-09HR 以及相应的更高型号录音机。

（二）准备工作

1. 场所

最好在专业录音室里录音。

如果没有专业录音室，应在安静的房间里录音。关严门窗，关掉风扇、空调、日光灯、手机等电器。

需要在活动现场录音的条目（例如戏剧），应尽量保证录音的清晰。

2. 话筒

装好话筒支架，固定防喷罩，将话筒置于防喷罩后。如无防喷罩，发音时嘴巴不要正对话筒，以防"喷麦"。发音人和话筒之间应尽量保持固定的角度和距离。

3. 声卡

使用"器材方案②"时，需关闭电脑的内置声卡。从"控制面板"进入"性能和维护\系统\硬件\设备管理器\声音、视频和游戏控制器"，打开"声音、视频和游戏控制器"后右击内置声卡（名称因电脑而不同，例如 SoundMAX Integrated Digital IID Audio），并选择"停用"，就可关闭内置声卡。

注意：当结束调查、停用外置声卡后，需重复上述步骤，右击内置声卡并选择"启用"，以启用内置声卡。

4. 提示方式

事先和发音人明确"开始录音"、"停止录音"的提示方式，例如出示写着"开始"、"停止"的标志，或用不同的手势示意。

5. 试录

为了让发音人了解录音过程及其要求、测试录音效果，在正式录音之前，应让发音人试录部分调查条目。

（三）录音软件

录音软件推荐使用 byly（北语录音）；Audacity 用于监测录音效果和编辑录音文件，必要时也可用于录音。只要录音文件的形式和质量符合规定的要求，也可使用其他录音软件，例如 TFW、Adobe Audition、Cool Edit Pro、Sonar LE（SAMSON C03U 附带）、Cubase LE 4（TASCAM US-144MKII 附带）等。注意有的硬件与录音软件之间可能会出现不兼容问题，如果出现问题需及时调整更换有关硬件或软件。

1. byly（北语录音）

byly（北语录音）是一款免费的录音软件，简便、易学、易用，适用于一般的语言调查特别是汉语方言调查。byly（北语录音）具有以下功能：

（1）对调查条目逐条录音，录音时同步显示波形。

（2）自动逐条保存并命名录音文件。

（3）对已录条目重新录音后自动替换旧文件。

该软件亦可从北京语言大学语言资源研究所网站（http://yys.blcu.edu.cn/index.htm）上下载。

2. Audacity（本书以 win-unicode-1.3.12 版为例）

Audacity 是一款免费的录音和音频处理软件，使用广泛，支持中文界面显示，在 Windows XP、Windows 7、Windows 8 等操作系统中都能稳定运行。Audacity 可用于测试背景噪音、录音、标注录音、剪辑录音、批量切分音频文件、消除噪音等。

（四）录音参数

1. 基本参数

声道：单声道。

采样率：44100Hz。

采样精度：16bit。

音频格式：Windows PCM（*.wav）。

byly（北语录音）已设置以上参数为默认值。

其他录音软件的参数需自行设置。在 Audacity 中，点击"编辑\Audacity 喜好选项"进行设置。

（1）设置录音设备和声道

使用"器材方案①"时，点击"设备"，确认"回放 Device"为电脑内置声卡,"正在录音 Device"为 Samson C03U(系统会自动调用,无需设置;如果找不到 Samson C03U,可重新启动操作系统或卸载其他外置声卡的驱动;保险起见可将电脑自带的其他录音设备全部停用),"Channels"选择"单声道"。(参看图1)

图1 设置录音设备(器材方案①)

使用"器材方案②"时,点击"设备",确认"回放 Device"和"正在录音 Device"均为 TASCAM US-144MKII,"Channels"选择"单声道"。(参看图2)

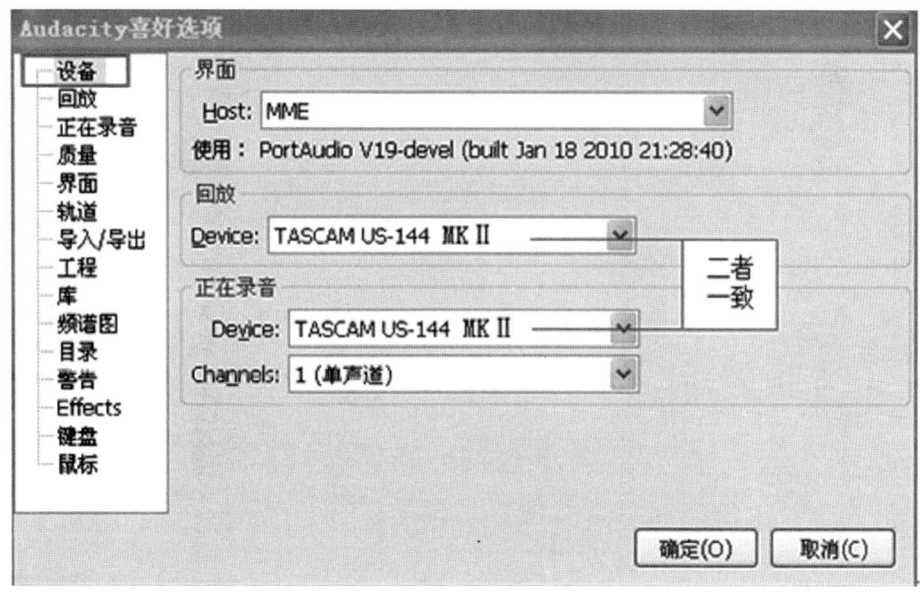

图2 设置录音设备(器材方案②)

（2）设置采样率和采样精度

点击"质量"，在"采样"右侧下拉菜单中分别选择"44100Hz"和"16-bit"。（参看图3）

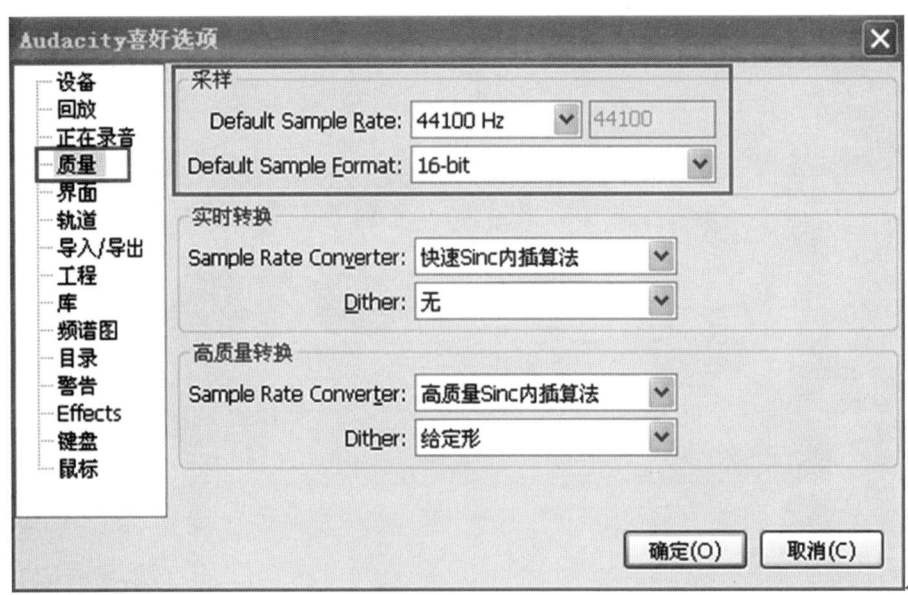

图3 设置采样率和采样精度

（3）设置音量动态指示范围

点击"界面"，在"Meter/Waveform dB range"右侧下拉菜单中选择"-96 dB（PCM 16 bit 采样范围）"。（参看图4）

图4 设置音量动态指示范围

完成上述设置后，点击"确定"。

2. 测试背景噪音和输入音量

在正式录音之前，需要先测试背景噪音和输入音量，以保证录音质量。这里以Audacity为例。

（1）调整音量刻度

运行Audacity，移动鼠标至界面右侧"话筒"图标所在刻度条的最右端，此时光标呈左右箭头状。（参看图5）

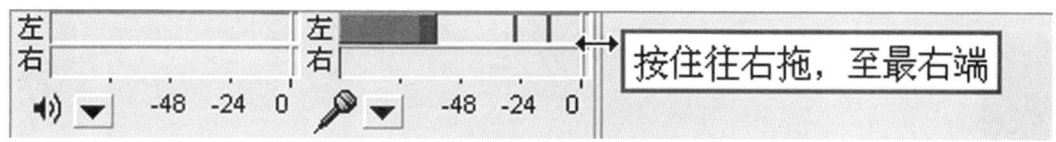

图5 调整音量刻度

按住鼠标左键把整个刻度条往右拖动，使之充满整个软件窗口，此时音量刻度条显示出"-72"、"-60"等刻度。（参看图6）

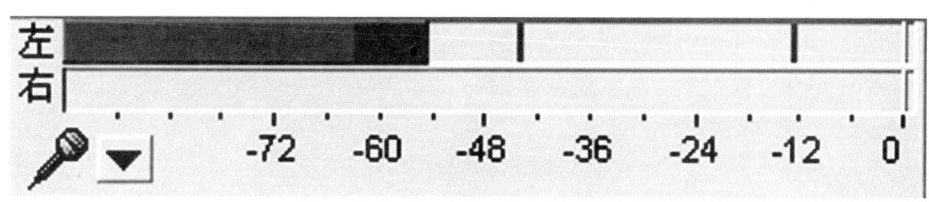

图6 调整后的效果

这样，就可以测试背景噪音和输入音量的大小了。需要说明的是，Audacity用负数表示音量的大小，音量范围为-96~0。0表示音量的上限（实际即96dB）。负数表示"少于"上限（96dB）的数值，例如-60的音量为96-60＝36dB，-18的音量为96-18＝78dB。

（2）测试背景噪音

单击"话筒"图标右上侧的凹陷区域，暗红指示条越往右表示背景噪音越大，越往左背景噪音越小。（参看图6）为了保证音质，背景噪音最好控制在"-60"以下（例如"-72"），不能大于"-48"。如果大于"-48"（例如"-36"），说明背景噪音过大，需找到噪音源并设法消除，或适当调小输入音量。

（3）测试输入音量

在正式录音之前，可请发音人试录几个字、词或句子。暗红指示条越往右表示输入音量越大，越往左输入音量越小。（参看图6）为了保证音质，语音音量的最大值应达到"-18"以上（例如"-12"、"-9"）。如果音量过小（例如"-36"），会因语音信号太弱而影响录音质量（但有的音如轻声本来就弱，不宜一概而论）。如果大于"0"，会因音量过大而导致削波失真。

3. 调整输入音量

使用"器材方案①"时，需通过电脑自带音频系统调整输入音量。这里以Windows XP 为例。（参看图7）从"控制面板"进入"声音、语音和音频设备\声音和音频设备\语声"，此时"录音"框里的"默认设备"应为"Samson C03U"，点击"录音"框里的"音量"，将"Wave In"音量的滑标上下滑动，就可调高或调低输入音量。调高输入音量会导致背景噪音升高，应避免顾此失彼。

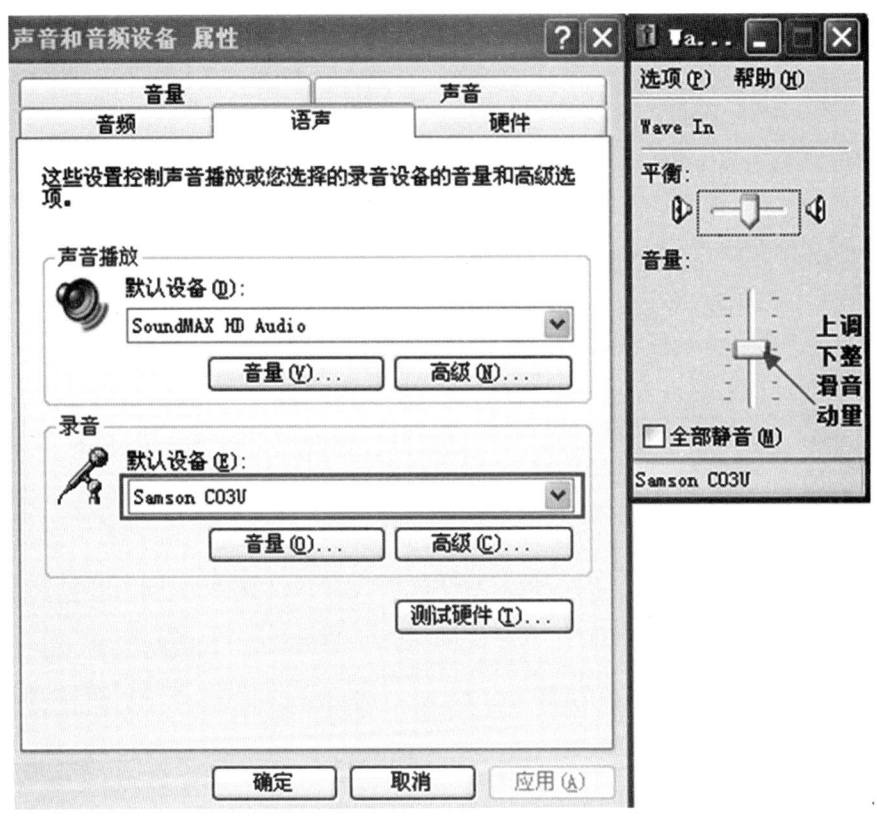

图 7 在电脑上调整输入音量

使用"器材方案②"时，需在外置声卡（TASCAM US-144MKII）上调整输入音量。（参看图8）当 PHANTOM、MIC LINE、MONO 三个开关处于"ON"状态，话筒接在左声道或右声道时，可用 INPUT 旋钮调整输入音量。如果话筒接在左声道入口就旋转 INPUT L 调整音量（图中用方框表示），如果话筒接在右声道入口就旋转 INPUT R 调整音量。当 INPUT 旋钮上的指示线往"MIC"方向旋转时可调大输入音量，反之调小。

图 8 在外置声卡上调整输入音量

此外，通过调整话筒与发音人的嘴巴之间的距离，或让发音人调整发音的音量，也可以调整输入音量。

在录音过程中，调查人要及时注意纠正因话筒位置变化或发音人的声音变化而产生音量过大或过小的现象。

（五）录音方法

byly（北语录音）的操作步骤（参看图 9）：

1. 打开 byly（北语录音）软件（byly.exe），点击"打开文件"，把录音用表导入软件。

2. 选中列表里需要录音的一行。（此时该行显示为蓝色，表下大字显示当前录音条目）

3. 按"回车 Enter"键开始录音。（此时"录音状态"下显示"正在录音"，屏幕右上方显示录音的波形）

4. 录完一条后按"下箭头↓"键进入下一条，继续录音。

5. 录音结束时，按"回车 Enter"键停止录音。（"录音状态"下显示"已停止"）

6. 如只对某一条进行录音或重新录音，选中该条，按"回车 Enter"键开始录音，再按"回车 Enter"键停止录音。

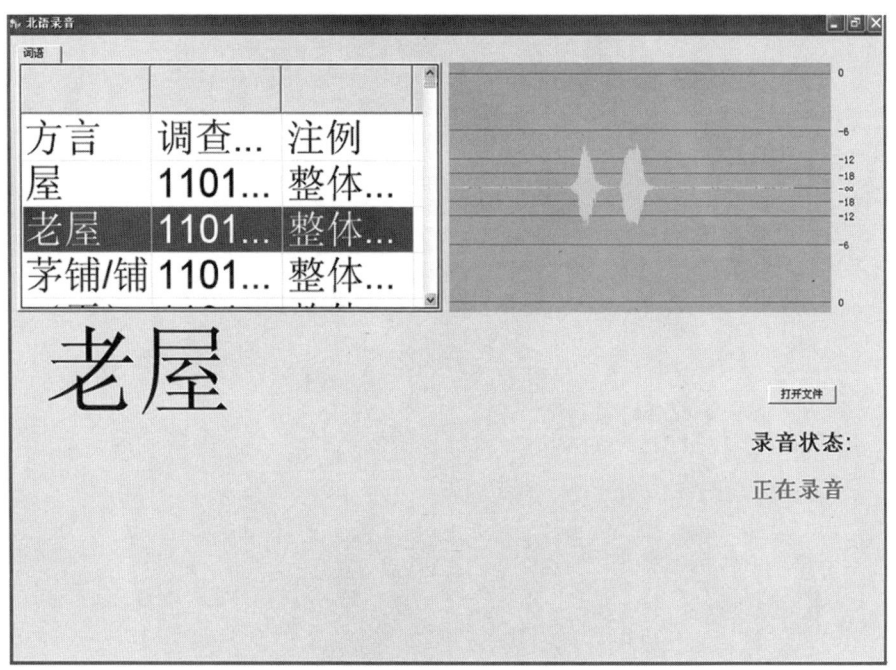

图 9 录音界面图示

注意:

1. 表下大字出现 1 秒钟后开始发音,发音结束 1 秒钟后进入下一条或停止录音。

2. 软件使用环境推荐 Windows XP、Windows 7 或 Windows 8,Office 2003。在使用本软件录音时,不要打开其他录音软件或播放器软件。

(六)录音文件

1. 录音文件一律采用 Windows PCM(*.wav)格式。

2. 一个调查条目为一个独立的文件。

"语篇"(俗语谚语、歌谣、曲艺戏剧、故事吟诵)条目的篇幅较长,但也是一个条目(例如"牛郎和织女")录一个文件。注意在录"一个"文件的过程中尽量不要中途断开(发音时如有停顿可继续录),不要分成多个文件。如果分成多个文件,需编辑处理为一个文件。

3. 如果一个调查条目方言中有多个说法(例如"灰"字有[xuei55]/[fei55]两读,"茅屋"有"茅铺/铺"两种说法),这几种说法要录在一个文件里,不能分成不同的文件。

4. 如果某个单字或条目方言不说(即在录音用表"方言"列标"(无)"的),可录成一个空文件,也可不录音。

5. 供调查人参考的录音样本在"调查点文件包\软件和样本\样本\语料整理\录音"文件夹里。

六 摄像

1. 摄像内容

（1）"方言调查"时所有音系例字、词语、语篇的发音都需进行"发音摄像"。（本类视频称为"发音视频"）

（2）"调查表"里的"摄"表示需对该小类的条目进行"文化摄像"，但如果其中有的条目无法摄像或无需摄像，则可不摄像。未标"摄"的如属濒危、稀有现象也应摄像。（本类视频称为"文化视频"）

2. 摄像器材

全高清数码摄像机，最好使用索尼、佳能、松下等一线品牌的摄像机。只要摄像参数和视频质量能够达到规定要求，具体型号不限。

3. 发音摄像要求

（1）把摄像机固定在三脚架上，调整好三脚架的高度，镜头正对发音人的上半身。

（2）如使用摄像机配套话筒，话筒放在发音人前方的适当位置或夹在领口。

（3）尽量用最远拍摄模式拍摄，不使用变焦（拉近放大）功能。如果必须变焦，只能使用光学变焦，不能使用数码变焦。

（4）发音人的背景应整齐干净平整，最好使用纯蓝色背景（可加地名，例如"广东怀集"）。

（5）摄像场所光线应充足，发音人的脸部应正对镜头，不要背光。

4. 文化摄像要求

（1）尽量使用三脚架拍摄，如用手持应注意保持平稳，避免抖动。

（2）尽量用最远拍摄模式拍摄，不使用变焦（拉近放大）功能。如果必须变焦，只能使用光学变焦，不能使用数码变焦。

（3）注意视频文件的完整性，尽量避免在拍摄同一事件过程中多次停顿，拍摄成多个视频文件。

5. 发音摄像方式

下面介绍几种发音摄像方式，其中多条连续摄像适用于对视频剪辑较熟悉的人。只要视频参数和视频质量能达到规范要求且不影响录音参数和录音质量，可灵活选择摄像方式或另选其他摄像方式。

（1）分条摄像

摄像时直接将每个调查条目拍摄成一个独立的文件。具体操作方式为：

①调查人先与发音人核对该调查条目的发音，确认无误后，摄像人开始摄像并给录音人手势，录音人见手势后开始录音并给发音人手势，发音人见手势后正对镜头发音。

②发音结束后，录音人停止录音并给摄像人手势，摄像人见手势后停止摄像，该调查条目的摄录结束，调查人开始与发音人核对下一调查条目的发音。

需要注意的是，分条摄像会导致视频文件较多，为便于后期整理，应在拍摄某些固定条目（比如每10条或20条的第一条）时，将该条的编号信息拍摄到视频文件中（开始摄像后摄像人先读一下调查条目编号），以起到提示位置的作用。（用于提示的编号信息可在后期剪辑时从视频文件中删除）

（2）多条连续摄像

摄像时将多个调查条目拍摄在一个文件中，包括以下两种方式。

第一种，发音人与录音人同时看笔记本电脑。具体操作方式为：

①调查人先与发音人一次性核对多个调查条目的发音，确认无误后，摄像人开始摄像并给录音人手势，录音人见手势后开始录音并给发音人手势，发音人见手势后看着笔记本电脑屏幕上的提示逐条发音。

②待多个调查条目的发音全部结束后，录音人停止录音并给摄像人手势，摄像人见手势后停止摄像，这一批调查条目的摄录结束，调查人开始与发音人核对下一批调查条目的发音。

需要注意的是，在拍摄每一批调查条目时，应将编号信息拍摄到视频文件中（开始摄像后摄像人先读一下这一批调查条目的起止编号），以起到提示位置的作用。（用于提示的编号信息可在后期剪辑时从视频文件中删除）此外，应保证发音人的正面、电脑屏幕上的提示内容以及摄像机镜头在一条直线上，且发音人的视线不要过低。

第二种，发音人看独立的电脑显示屏或投影（从笔记本电脑上另接独立的电脑显示屏或投影机）。具体操作方式为：

①调查人先与发音人一次性核对多个调查条目的发音，确认无误后，摄像人开始摄像并给录音人手势，录音人见手势后开始录音并给发音人手势，发音人见手势后看着独立的电脑显示屏或投影屏幕上的提示逐条发音。

②待多个调查条目的发音全部结束后，录音人停止录音并给摄像人手势，摄像人见手势后停止摄像，这一批调查条目的摄录结束，调查人开始与发音人核对下一批调查条目的发音。

需要注意的是，在拍摄每一批调查条目时，应将编号信息拍摄到视频文件中（开始摄像后摄像人先读一下这一批调查条目的起止编号），以起到提示位置的作用。（用于提示的编号信息可在后期剪辑时从视频文件中删除）此外，应保证发音人的正面、独立的电脑显示屏或投影屏幕上的提示内容以及摄像机镜头在一条直线上，且发音人的视线不要过高或过低。

6. 视频文件

（1）视频文件一律选择摄像机的最高画质、采用全高清模式拍摄，视频文件参数不低于1920×1080/50i。文件格式视摄像机而定，例如 *.m2ts、*.mpg。

（2）一个调查条目为一个独立的文件。

为方便起见，调查时"发音摄像"可多条连续拍摄（音系声调按平、上、去、入拍摄成4个文件，声母按帮、端、知、见系拍摄成4个文件，韵母按阴、阳、入声韵拍摄成3个文件，调查条目1个中类拍摄成1个文件），切分工作可在整理阶段进行。

"文化摄像"必要时一个条目可拍摄多段视频（例如不同地点的、不同阶段的等等）。

（3）供调查人参考的视频样本在"调查点文件包\软件和样本\样本\语料整理\视频"文件夹里。

七 照相

1. 照相内容

（1）所有调查条目都应尽量照相，必要时一个条目可照多张照片（例如不同角度的、不同状态的等等）；但实在无法照相的可空缺。"玖　说唱表演"中的条目是否照相、如何照相可视具体情况灵活掌握。（本类照片称为"调查条目照片"）

（2）发音人、文化调查的调查对象每人需照两张照片（上半身像和全身像）。（本类照片称为"调查对象照片"）

（3）调查过程、调查场面需照若干张有代表性的照片。（本类照片称为"调查过程照片"）

2. 照相器材

数码相机，最好使用佳能、尼康等一线品牌1200万以上像素的数码单反相机。

3. 照相要求

（1）尽量使用三脚架拍照，如用手持应注意保持平稳，避免虚焦。

（2）尽量用最远拍摄模式拍照，不使用变焦（拉近放大）功能。如果必须变焦，只能使用光学变焦，不能使用数码变焦。

（3）拍照对象的背景应尽量整齐干净，但背景里与拍摄主体有关的物体可保留。

（4）有些物体（例如斗笠）有静态和使用两种情况，一般应拍摄静态，如条件许可最好两种情况都拍。

（5）不要在逆光条件下拍照。

（6）适合横拍的尽量采用横拍。

4. 照片文件

（1）照片文件一律选择相机的最高画质模式（最高分辨率和精细度）拍照，采用 *.jpg 格式，分辨率最好不低于 4368×2912 像素。

（2）供调查人参考的照片样本在"调查点文件包\软件和样本\样本\语料整理\照片"文件夹里。

八 记音

（一）字体和格式

1. 模板表里的音标一律使用 IpaPanNew 字体（可从 http://www.eastling.org/ 下载），不能使用其他字体。紧跟在音标后面的调值数字也使用 IpaPanNew 字体，不必改为其他字体。如果是 IpaPanNew 里缺的音标，应使用 Unicode 编码的音标。

其他所有字符一律使用宋体。

2. 零声母一律用"Ø"表示，不能空着。例如北京：王Ø uaŋ 35。

3. 送气符号用"h"（非上标），不能写作"pʰ"、"p'"。表示调值的数字不用上标方式。例如北京：怕 pha51。（但手写时可用上标方式）

4. 自成音节的"m n ŋ l"等，勿在音标的上下加短竖线。

5. "ts"分别输入"t"和"s"两个符号，"tʂ tɕ"等塞擦音同理。"ã"分别输入"a"和鼻化符号"~"两个符号，其他鼻化元音同理。"ɡ"不用"g"。元音"ɤ"不用"ɤ"。长音符号用音标"ː"不用冒号"："。

6. 勿在音标上加附加符号，如"d̥ o̞"等。关于实际音值可在"调查表"的"关于音系的说明"里详细交待。注意鼻化符号、长音符号不属于附加符号。

7. 调值一律用数字表示。例如北京：妈 ma55 ｜麻 ma35 ｜马 ma214 ｜骂 ma51。声调当中的喉塞、停顿等现象用"0"表示，例如余干：割 koʔn304 ｜白 pheʔŋ 303。

8. 音节与音节之间一律连写，不空格。例如北京：下雨ɕ ia51Ø y214。

9. 字号一律使用 5 号。

10. 如果某个单字或小类、条目方言不说，在"调查表"、录音用表、模板表上一律记作"（无）"。

11. 尽量遵循汉语方言学界通行的记音方法，例如［n］、［n̠］声母要分开；［tɕ］组声母和齐齿呼韵母相拼要记作［tɕ ia］等，不要记作［tɕa］等；［k］组声母和合口呼韵母相拼要记作［kua］等，不要记作［kwa］、［kʷa］等。

（二）一字多音

1. 在记音系例字时，如果有一字多音现象，应记出，并作说明。

2. 在记词语时，只记口语中最自然、最常用的读音，不记其他读音。

（三）音变

1. 连读调

只记实际调值，其中有的是单字调，有的是连读调（连读调前面不加符号）。例如北京：玛瑙 ma35nau214。

轻声音节，一律标作"0"。例如北京：桌子tʂuo55tsɿ 0 ｜来了 lai35lə 0。

2. 儿化、小称音

只记实际读音，不标出本音。例如北京：面儿 miɚ r51；汤溪：女儿 nɑŋ 341（意为"女孩儿"，"女"的本音为［na113］）。

3. 其他音变

因连读等原因引起的声韵母变化，处理方法同"小称音"，即只记实际读音，不标出本音。例如北京：埋怨 man35Ø yan0（"埋"的本音为［mai35］）。

记音时如遇其他情况，参照上述原则和方法处理，并加以说明。

九　用字

（一）原则

1. 使用规范字
一律使用现行规范字。

（1）来源不同的简化字，一律仍写作简化字，不恢复繁体字写法。例如"后天"不写作"後天"，"面粉"不写作"麵粉"。如有必要，可在后面加括号举例或说明，例如"干（~燥）"、"干（~活）"。

（2）注意避免使用异体字。

2. 使用本字
有本字可写者一律写本字（限于方正超大字符集里有的字）。

3. 统一性
同一个语素用同一个字形表示。

属于同一个词源的语素，如果因各地读音不同或习惯不同，而写作不同字形的，要统一为一种写法。如有本字则一律写本字，如无本字则尽量选用相同的俗字、同音字、表音字。例如客家话的"偓"要统一写作"我"，粤语的"佢"要统一写作"渠"。

（二）具体规范

1. 本字

（1）本字（正字）如有多种写法，选择较通用的写法。例如把"蕃茄"、"蕃薯"等的"蕃"写作"番"，把"苞谷"、"苞米"等的"苞"写作"包"。

（2）有的字从读音、意义上看比较像本字，但难以完全确定，暂作为本字处理。例如"村坊村儿"的"坊"字。

2. 俗字
"俗字"是指用来书写方言词语的一些习惯用字，包括两类，一类是方言自造字，另一类是从汉字正字系统中借用的字。前者如各方言中表示"小"的"尕"、"躯"、"挲"等，后者如粤语的"企站"。

（1）有本字可写者，即使有相应的"俗字"，仍写本字。例如粤语的"企站"要统一写作"徛"。

（2）无本字可写者，如果俗字十分通用，或缺乏适当的同音字，酌情采用俗字，必要时加注说明是俗字。例如"尕小"、"靓漂亮"、"潲洗"。

3. 训读字
"训读字"只是意义相同或相近的字，不是本字。例如潮阳把本方言的"拍打"写作"打"，海口把本方言的"细小"写作"小"（"打"、"小"是训读字）。

一律不使用训读字。

4．表音字

"表音字"是指"意义较虚且本字不明"的字，主要用于词缀、助词、语气词、部分代词，以及其他意义较虚的字。例如普通话的"达_溜~"、"乎_黑~~"等。

（1）酌情使用表音字。

（2）使用表音字的要求是：尽量选常用字、意义较虚的字，尽量照顾各方言音系，同时尽量使各方言的用字具有一致性。表音字不加符号，例如晋语的前缀"圪"。

5．同音字

无本字可写，又不能使用俗字、表音字者，写同音字。同音字是指跟本方言里完全同音的字。有时找不到完全同音的，可适当放宽标准，并加说明。

使用同音字的要求是：尽量选常用字，尽量使各方言的用字具有一致性。同音字在字后加等号"="表示，例如淳安的"促=看"（等号在 excel 和 word 模板表文件中不用上标，手写时最好用上标方式）。

6．合音字

需要使用合音字的，应尽量使用方言中已有现成字形的合音字，例如北京的"甭" [pəŋ 35]，苏州的"覅" [fiæ 412]。如方言无现成字形的合音字，用原形加"[ ]"表示，例如潮阳的"[二十]" [dziap5]，河南开封的"[知道]" [tʂɔ 213]。

但合音型的儿化现象一律写正常的"儿"字，例如北京的"面儿" [miɐr51]。

7．有音无字

"有音无字"是指无合适的本字、俗字、表音字、同音字可用，在方言论著中通常写作方框"□"的语素。

在单个方言点内部，以该类语素出现的先后为序，记作"#1"、"#2"、"#3"等，一个语素使用一个代码，在不同场合相同的语素使用相同的代码。每个点的代码自成系统，不与其他方言对应。

凡是使用了代码的方言点，需交一份该方言的《用字代码表》（在"调查点文件包"里，该表位于"调查点文件包\需交文件电子版\语料整理\模板表\word 表"文件夹里）。

8．字体和格式

（1）汉字一律使用5号宋体。

（2）汉字与汉字之间一律连写，不空格。

（3）释义与例子之间用冒号"："隔开。

（4）例子与例子之间用单竖线"｜"隔开。

（5）夹注举例或说明用括号"（ ）"，不用小字。

（6）词语里可有可无的成分，要处理为"一词多说"。例如"桌"、"桌子"要分开记，不能记作"桌（子）"。

贰 语料整理规范

整理阶段的工作包括音像资料剪辑、填写转写模板表、规范文件名、文件归档和校对。

在整理阶段，电脑需设置为可显示所有文件的后缀名的模式。在 Windows XP 系统中的设置方法是进入"文件夹选项\查看"，把"隐藏已知文件类型的扩展名"前面的勾取消。

整理工作中涉及的各文件的位置参看"贰·四"表4。

在整理过程中，调查团队可先把少量整理加工后的模板表、录音、视频、照片文件交给课题组审核，以便及时发现问题并纠正。

一 音像资料剪辑

剪辑的目的是通过删除、切分、合并录音文件或视频文件中的相关内容，使其符合调查规范中"一个调查条目为一个独立的文件"的要求，并使录音、视频文件中没有冗余信息。

（一）录音文件

1. 剪辑软件

推荐使用 Audacity、Adobe Audition。

2. 文件剪辑

剪辑前需把原始录音文件备份到其他位置。（剪辑过程中如产生自动备份文件，待剪辑工作完成并检查无误后，可删除自动备份文件）

下面以 Audacity 为例进行演示。

（1）删除

如果在录音文件的起始处或结束处有较多空白，或者有其他声音干扰（如咳嗽声），应将冗余内容删除。

①运行 Audacity，点击"文件\导入\音频"，选择需删除冗余内容的录音文件，导入成功后，该录音文件的波形图将出现在 Audacity 主界面上。

②将鼠标移至需删除内容的起点,按住左键向右拖动至其终点。(参看图 10)
③按下键盘"Delete"键,删除完成。(参看图 11)

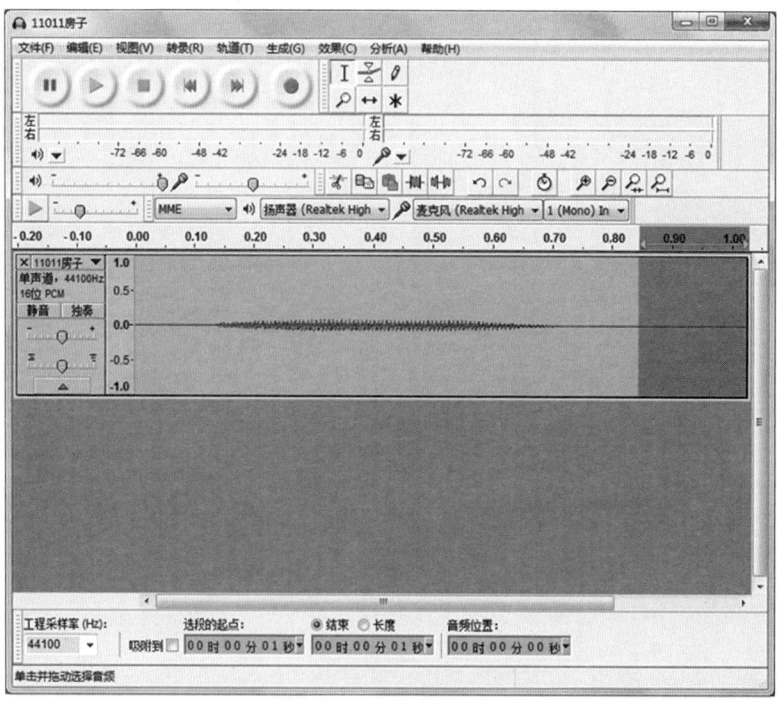

图 10 选中需删除内容

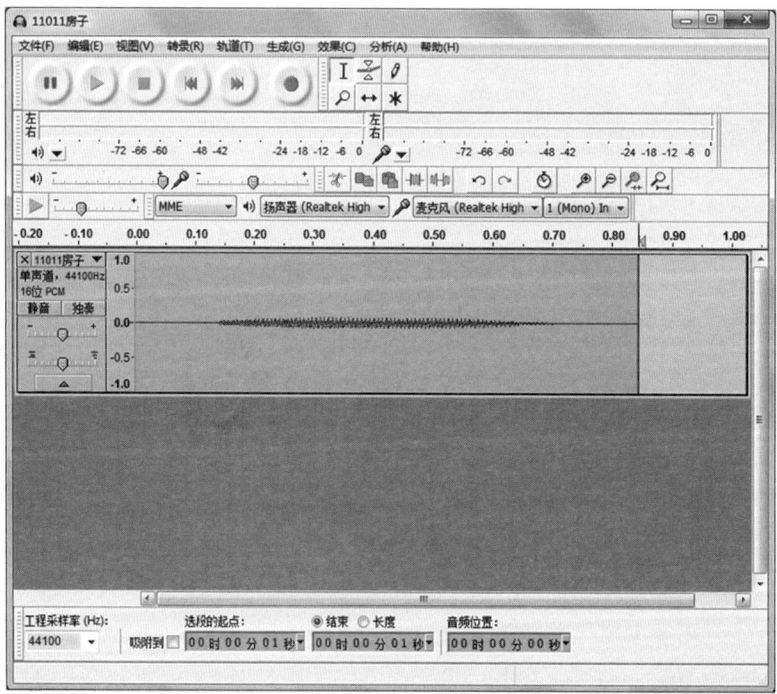

图 11 删除完成

④点击"文件\导出",选择文件保存位置(如与原文件保存在同一位置,会出现是否替换原文件的对话框,点击"是"),在"编辑元信息"对话框中,点击"确定"。删除完成后,关闭退出 Audacity,如出现是否保存修改的对话框,点击"否"。

(2)合并

如果将一个调查条目录成了多个录音文件(如将一个故事录成两段或多段),整理时应将各段合并为一个录音文件。

①运行 Audacity,点击"文件\导入\音频",按住键盘"Ctrl"键,依次点击选择需合并的录音文件,点击"打开",Audacity 主界面将出现被选中的录音文件波形图,呈上下排列。

②点击每个录音文件音频轨左上方的"▼",再点击"名称",在"轨道名"对话框中出现该录音文件的文件名。将鼠标移至最后一个录音文件的起点,按住鼠标左键向右拖动直至需合并的部分全部被选中。(参看图 12)

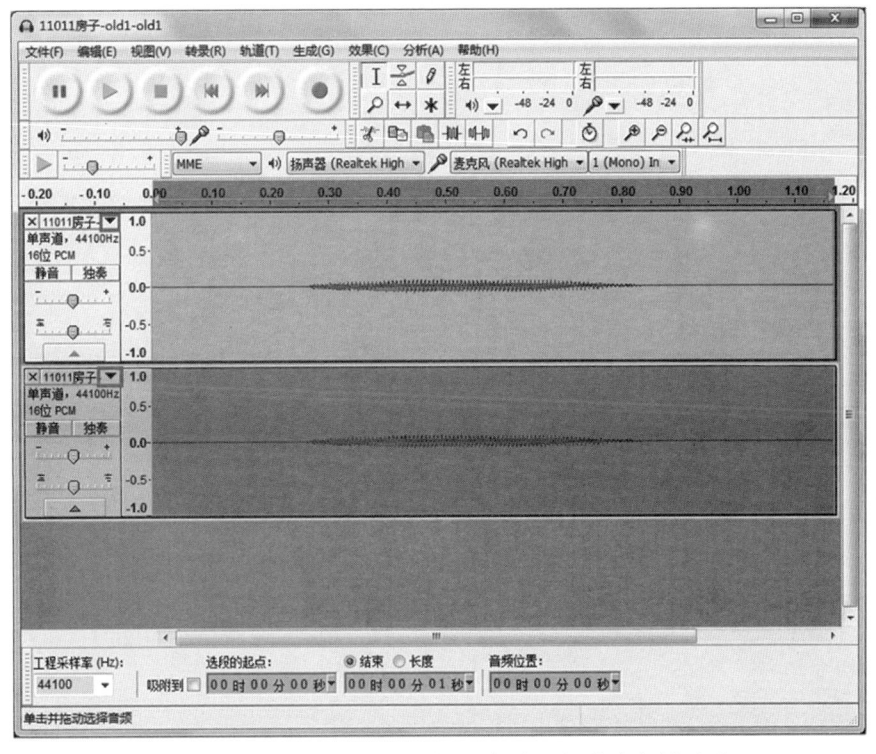

图 12 最后一个录音文件需合并的部分全部被选中

③点击"编辑\复制",将鼠标移至其上一个录音文件的终点并单击,此处会出现一条细线,代表两段录音文件合并的位置。(参看图 13)

④点击"编辑\粘贴",再点击最后一个录音文件音频轨左上方的"×"(在录音文件名左侧),然后点击"视图\适应窗口",此时最后一个录音文件已合并到上一个的后面。(参看图 14)

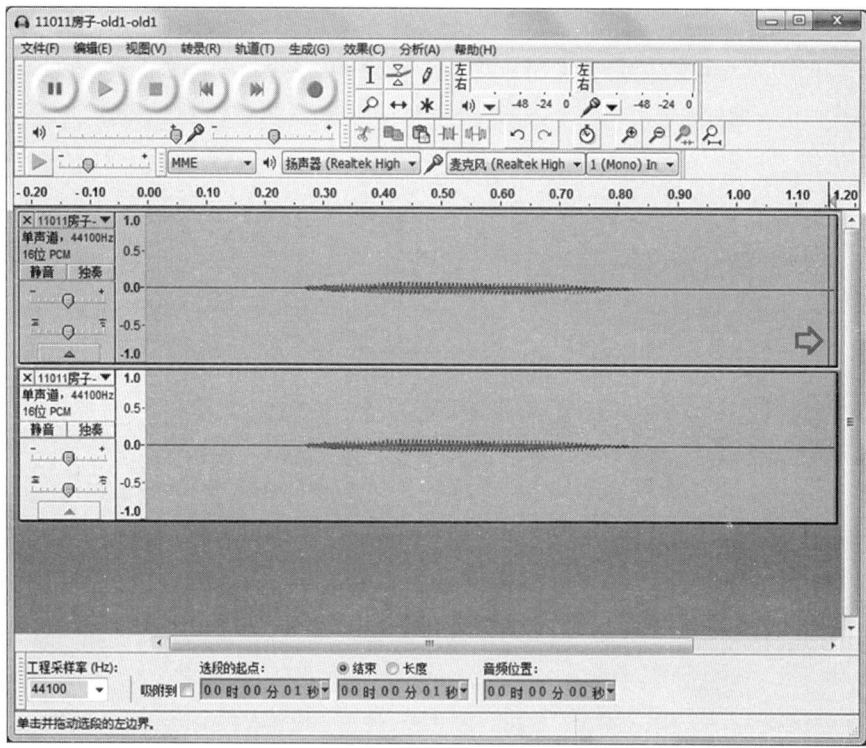

图 13 确定录音文件合并的位置

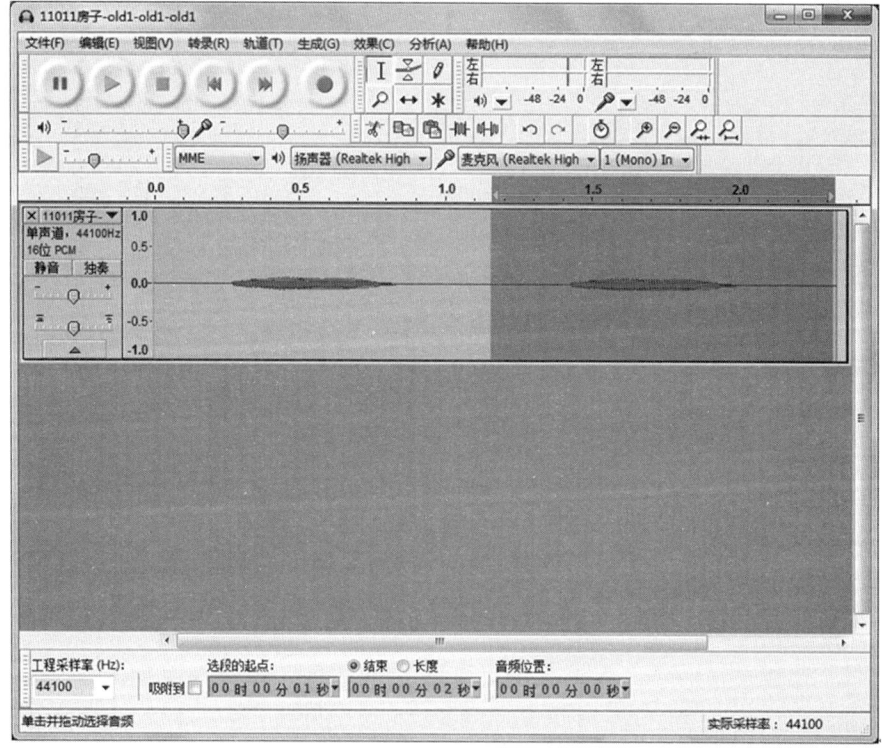

图 14 两个录音文件合并后

⑤点击"文件\导出",选择文件保存位置(如与原文件保存在同一位置,会出现是否替换原文件的对话框,点击"是"),在"编辑元信息"对话框中,点击"确定"。关闭退出 Audacity,如出现是否保存修改的对话框,点击"否"。

(二)视频文件

1. 剪辑软件

(1)推荐使用摄像机配套光盘中的专用软件进行剪辑,例如索尼 PMB、松下 HD Writer AE、佳能 PIXELA Video Browser。

使用随机配套软件进行的视频剪辑为无损操作,对计算机配置要求相对较低,剪辑效率也较高,但请勿跨摄像机品牌使用剪辑软件。(如不要使用索尼 PMB 软件剪辑佳能摄像机所拍摄的视频文件)

(2)如无摄像机配套软件,可使用非线性视频编辑软件索尼 Vegas Pro 9.0 及其以上版本。

2. 文件剪辑

剪辑前须对原始视频文件进行备份。如果某个原始视频文件无须剪辑(已符合"一个调查条目为一个独立的文件"且视频文件中没有冗余信息),也必须另外备份一个同名文件作为剪辑后的视频文件。

下面分别以索尼 PMB 5.5(以下称"PMB")、索尼 Vegas Pro 9.0 汉化版(以下称"Vegas")为例进行演示。

(1)切分

如果一个视频文件包括多个调查条目的内容(如包括一个中类所有条目的原始发音视频文件),应将其按条目切分。

方法一:使用 PMB 切分视频文件

①运行 PMB,点击"工具\设置",在对话框左侧点击"添加文件夹",在右侧窗口勾选需切分视频文件所在的文件夹,点击"确定",此时该文件夹中所有的视频文件会出现在 PMB 编辑界面。

建议每次只选择一个文件夹,取消之前已勾选的其他文件夹。

②点击编辑界面左上方的"索引"、右下方的"详细信息"按钮,出现视频文件详细信息。(参看图 15)

③点击选中列表中需切分的某一个视频文件,再点击"操纵\编辑\修整视频",出现"Video Trimming"编辑窗口。

④点击、按住鼠标左键,拖动视频播放窗口下方进度条两侧的小旗子分别设置视频文件的"入点"(切分后视频文件的起点)和"出点"(切分后视频文件的终点)。其中,左向小旗子用于设置入点,右向小旗子用于设置出点。(参看图 16)

随着小旗子的拖动,右侧两个视频预览窗口显示的"入点"、"出点"的图像、时间也会发生变化。

除了拖动小旗子之外，也可以通过视频播放窗口右下方的"设置入点"和"设置出点"按钮来设置切分后视频文件的起点和终点。

⑤设置完毕后，点击"保存已编辑视频"，在对话框"文件名"处填写切分后的视频文件名称，"文件类型"须与原文件保持一致，点击"保存"。切分完成后关闭退出 PMB。

切分后的视频文件将与原文件保存在同一文件夹中。

图 15 视频文件详细信息

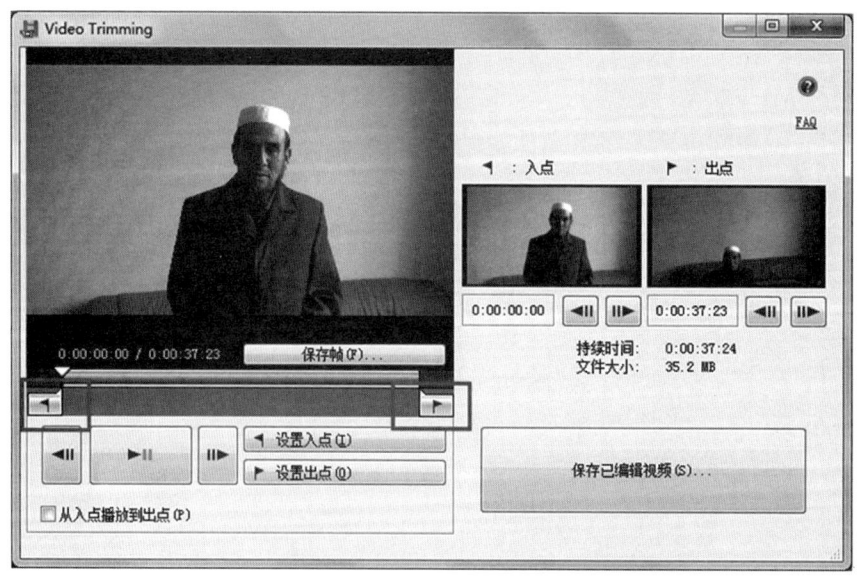

图 16 在 PMB 中设置视频文件的起点和终点

方法二：使用 Vegas 切分视频文件

①运行 Vegas，点击"文件（F）\ 导入（O）\ 媒体（M）"，在"导入媒体"对话框中，点击选择需切分的视频文件，点击"Open"，视频文件将出现在左上角项目媒体窗口里。

②在项目媒体窗口里，点击并按住鼠标左键，将视频文件拖至下方的编辑区域，然后松开鼠标，加载成功后编辑界面将出现视频、音频编辑轨和视频预览窗口。（参看图 17）

图 17　将视频文件导入 Vegas

③点击编辑轨下方的"|◀"键，按下键盘"Enter"键，预览窗口从头开始播放视频，此时可通过观看预览窗口设置切分后视频文件的起点和终点。

④在播放状态下，在某一个条目发音视频起点处按下"Enter"键，预览窗口结束播放，按下键盘"M"键，在起点处会出现一个小旗子；再次按下"Enter"键，预览窗口结束再次开始播放，在该条目发音视频终点处按下"Enter"键再次结束播放，再次按下"M"键，在终点处也会出现一个小旗子，至此，该条目起点、终点设置完毕。

按下"M"键时，输入法必须为英文状态，可点击"插入（I）\ 标记（M）"作标记。

起点、终点设置完成后，可点击起点处，按下"Enter"键预览视频，确认设置无误。

⑤在该条目起点（第一个小旗子处）的视频轨上方点击并按住鼠标左键，向右拖动至该条目的终点（第二个小旗子处），此时选中区域内的两条轨道呈蓝色底色，在其起点、终点处各有一个黄色的三角形标记。（参看图 18）

图 18 在 Vegas 中设置视频文件的起点、终点并选中

⑥点击"文件(F)\渲染为(R)",在"渲染为"对话框中,"Save in"为切分后视频文件保存的位置,在"File name"中填写修改文件名称,"Save as type"选择"Sony AVC(*.mp4;*.m2ts;*.avc)","Template(模板)"选择"AVCHD 1920×1080-50i";点击"只渲染循环区域(L)"、"在媒体文件中保存项目标记(K)"两项前的方框至出现"√"。(参看图 19)

图 19 设置切分后的视频文件信息

⑦点击"Save"开始渲染,渲染完成后单击"关闭"退出渲染页面。重复上述步骤直至切分完成后,关闭退出 Vegas。如出现提示是否保存文件的对话框,选择"否"。

(2)合并

如果将一个调查条目拍摄成了多个视频文件(如将一个持续时间较长的连贯的文化活动拍摄成两个或多个文件),整理时应将各个视频文件合并为一个文件。

为便于操作,应把要合并的多个视频文件放到同一文件夹中。

方法一:使用 PMB 合并视频文件

①运行 PMB,点击"工具\设置",在对话框左侧点击"添加文件夹",在右侧窗口勾选需合并的视频文件所在的文件夹,点击"确定",此时该文件夹中所有的视频文件会出现在 PMB 编辑界面。

建议每次只选择一个文件夹,取消之前已勾选的其他文件夹。

②点击编辑界面左上方的"索引"、右下方的"详细信息"按钮,出现视频文件详细信息。

③按住"Ctrl"键,分别点击选中需合并的所有视频文件,再点击"操纵\编辑\合并视频",此时"视频合并"对话框会出现被选中的视频文件缩略图,将鼠标停在缩略图上便能显示该文件的详细信息。(参看图 20)

图 20 确认视频文件信息及其调整合并顺序

④点击、按住左键可移动、改变缩略图的位置,调整各段视频文件的排列顺序。调整并检查完毕后,确认缩略图下的方框内已有"√",点击"合并"。

⑤合并完成后,将出现合并后的新文件名称及其保存位置,合并完成后,关闭退出 PMB。

合并后的新文件名与合并时排在第一位的原文件名相似,请注意区分。

合并后的新文件保存在合并时排在第一位的原文件所在的文件夹中。

方法二:使用 Vegas 合并视频文件

①运行 Vegas,点击"文件(F)\导入(O)\媒体(M)",在"导入媒体"对话框中,点击选择需合并的视频文件,点击"Open",视频文件将出现在左上角项目媒体窗口里。

②在项目媒体窗口里,点击并按住鼠标左键,将视频文件依次拖至下方的编辑区域,然后松开鼠标,完成后视频文件将按其导入的先后顺序排列。(参看图 21)

图 21 按先后顺序将多段视频文件导入 Vegas

③点击轨道下方的"|◀"键、按键盘"Enter"键,在预览窗口中检查合并后的视频文件。

④检查确认无误后,点击"文件(F)\渲染为(R)",在"渲染为"对话框中,"Save in"为切分后视频文件保存的位置,在"File name"中填写修改文件名称,"Save as type"选择"Sony AVC(*.mp4;*.m2ts;*.avc)","Template(模板)"选择"AVCHD 1920×1080-50i";确认"只渲染循环区域(L)"前方框无"√"。(参看图 22)

图 22 设置合并后的视频文件信息

⑤点击"Save"开始渲染,渲染完成后单击"关闭"退出渲染页面。重复上述步骤直至合并完成后,关闭退出 Vegas。如出现提示是否保存文件的对话框,选择"否"。

二 填写模板表

1. 模板表

每个调查点的调查工作完成以后,需由调查人填写、转写以下模板表(见表 3)。所有模板表均由课题组编定提供,使用者不得对模板表里除样例外的固有内容和格式作任何改动(课题组已对 excel 模板表中不允许改动的部分设置"保护"功能)。

表 3 模板表

	excel 表	word 表
零	1 概况 .xls(除音系外)	
	2 音系 .xls(包括声调、声母、韵母)	1 音系说明 .doc
壹—捌,玖(一、二)	3 词语 .xls	

（续表）

玖（三—六）		2 俗语谚语 .doc
		3 歌谣 .doc
		4 曲艺戏剧 .doc
		5 故事吟诵 .doc
其他	4 照片视频 .xls	6 用字代码表 .doc
		7 转写校对记录表 .doc

2. 填写注意事项

（1）概况模板表

概况模板表里包括"调查点"、"主要发音人"、"其他发音人和调查对象（1）"、"其他发音人和调查对象（2）"、"其他发音人和调查对象（3）"、"其他发音人和调查对象（4）"、"其他发音人和调查对象（5）"、"其他发音人和调查对象（6）"、"其他发音人和调查对象（7）"、"调查人"、"调查情况"11 个子表。

概况模板表以苏州点为例，调查人填写时可先删除苏州的材料，或在此基础上改写。有的条目（例如本县汉语方言的种类、分布、人口、使用和变化情况）可写得详细一些。

第一行里的"1"、"2"等对应于"调查表"的调查条目序号。注意一些比较复杂的条目（例如调查点名称）已拆分为多个列。

如果某个调查条目无相应的调查结果（例如本县无聚居的少数民族），标"（无）"。

（2）音系模板表

音系模板表里包括"声调"、"声母"、"韵母"3 个子表。

音系模板表以粤语南宁方言为例，调查人填写时可先删除南宁的材料，或在此基础上改写。

"例字"按古来源分"类"填写，所谓古来源是指声调的清平、全浊上、次浊上等，声母的帮母、精母、见母等，韵母的摄（果摄、咸摄舒声、咸摄入声等）。最主要的古来源"类"（例如[p]母的帮母字）填入"例字 1"，依次类推。例字的注例（例如例字"后"的"前~"）一律省略，必要时可在"备注"列说明。

调类名称尽量遵循汉语方言学界通行的命名规则。因分化而成的调类，命名时加分化的语音条件，例如"阴平"（清声母平声）、"全阴平"（全清声母平声）、"尾阴平"（带韵尾的清声母平声）等。因合并而成的调类，如能确定归并的方向，以归并目标的那个字类命名，例如北京话全浊上归去，称为"去声"；如不能确定归并的方向，以"尽前不尽后"的原则命名，并在"备注"列说明"调类名称待定"，例如清平、清去合并但不能确定是清平归清去还是清去归清平，暂称为"阴平"，并在"备注"列说明"调类名称待定"。

（3）词语模板表

把调查结果填写到"词1"、"词2"、"词3"以及"备注"等列。每个条目占一行。如果一个调查条目方言只有一个说法，把该说法填入词"1"（词1字、词1音）列；如果有两个或三个说法（即"一词多说"，例如把茅屋叫作"茅铺"、"铺"），依次填入后面的"2"、"3"列。（为简明起见，表中暂时隐藏"词3"列，需要时可取消隐藏。）"备注"列填写对方言词语的注释、对方言文化现象的描写等。

模板表里每个"小类"预设9个条目，无对应方言词语的行一律在C列（即"词1字"列）标"（无）"，不能空着，不能漏写括号。

说明：

1. 如果先填写录音用表再填写模板表，可把词语录音用表里的方言说法粘贴到词语模板表里，以节省时间。粘贴后注意进行必要的检查和调整（例如一词多说的写法）。

2. 如果先编写图册再填写模板表，可把图册里的文案部分直接粘贴到相应条目的"备注"列里。

（4）语篇模板表

"语篇"（俗语谚语、歌谣、曲艺戏剧、故事吟诵）材料要求根据录音和视频转写成汉字、音标、注释或普通话意译，并标明在录音文件里的起止时间。

每个条目的材料末尾需注明录音信息，例如：（20110318汤溪，发音人：张三）。

（5）照片视频模板表

"调查条目照片"和剪辑后的"文化视频"文件需填写模板表（无须剪辑的原始文化视频文件，其备份文件按剪辑后的文化视频文件处理，需要填写模板表），其他照片和视频文件无须填写。下面以照片文件为例说明填写方法。

①打开"4照片视频.xls"。

②打开需处理的照片文件夹。

③把照片文件原始名（带后缀的），例如"20110315_0001.jpg"，复制到"4照片视频.xls"的"原始名"列。（可对文件名间隔点击两次或右击后进入"重命名"，在此状态下进行复制粘贴。为防止出错，最好采用复制粘贴的方式。）

④手工填写"调查条目"、"方言词"、"第几张"、"拍摄时间"、"拍摄地点"。其中"方言词"列如遇"="、"/"等符号一律省去符号，如遇"#1"等省去数字（留下"#"）。"第几张"列如该条目只有1张照片，须填"1"。"拍摄时间"列格式为"20110101"（即年月日）。"拍摄地点"列写村名或同一层级的地名，例如"珊瑚"（后不带通名"村"字）、"九峰岩"。

"调查条目"、"方言词"两列的内容也可从填写完毕的"3词语.xls"模板表里复制，但要注意与照片文件的对应。

⑤"规范名"和"命令"两列不填写。

（6）其他请注意参看各模板表里的样例。

（7）填写、转写模板表过程中要填写《转写校对记录表》。该表位于"调查点文件包\需交文件电子版\语料整理\模板表\word 表"文件夹里。

三　文件命名

1. 模板表文件名

模板表文件已预先建好，勿改动文件名。

2. 录音文件名

录音文件名由 byly（北语录音）软件根据录音用表自动生成（与该表中"调查条目"列的内容完全相同），包括 5 位数的编号和调查条目。例如音系"01011 东 .wav"、词语"11011 房子 .wav"、"94011 童谣 .wav"。（如果使用 Audacity、Audition 等软件录音应使用相同的文件名。）

3. 视频文件名

（1）发音视频

①原始发音视频文件，保留原始名，并在前面加注从第几条至第几条，二者之间用下划线"_"隔开。例如原始名"20110315105004.m2ts"，需改为"11011 房子-11939 住宅增补 3_20110315105004.m2ts"。

②剪辑后的发音视频文件，与该条目的录音文件名完全相同（除后缀外），即使用录音用表中"调查条目"列的内容，例如"01011 东 .m2ts"、"11011 房子 .m2ts"、"94011 童谣 .m2ts"。（无须剪辑的原始发音视频文件，其备份文件按剪辑后的发音视频文件处理）

（2）文化视频

①原始文化视频文件，保留原始名，例如"20110315105004.m2ts"。

②剪辑后的文化视频文件，命名规则和操作方法与"调查条目照片"相同，参看下文"4·（1）"。（无须剪辑的原始文化视频文件，其备份文件按剪辑后的文化视频文件处理）

（3）属于以上两类视频以外的其他视频文件，保留原始名，并在前面加注汉字说明，二者之间用下划线"_"隔开，例如"文面女_20110315105004.m2ts"。

4. 照片文件名

（1）调查条目照片

为了避免重命名出错导致文件混乱，先将所有原始调查条目照片备份到其他位置。

①把"重命名 .bat"文件（位于"调查点文件包\软件和样本\加工软件\重命名"文件夹里）复制到需处理的照片文件夹。

②右击"重命名 .bat"文件,选"编辑"打开文件,并删除里面的全部内容。

③把"4 照片视频 .xls"里需重命名的条目所对应的"命令"列里的内容复制粘贴到"重命名 .bat"文件中,例如:

ren 20110124_0133.JPG 11011 房子 _ 屋 1_20110124 岩下 _20110124_0133.JPG

ren 20110126_0234.JPG 11012 房子 _ 老屋 1_20110126 岩下 _20110126_0234.JPG

ren zp12-074b.JPG 11013 房子 _ 茅铺铺 1_20010930 珊瑚 _zp12-074b.JPG

因为重命名工作可能要分多次进行,为防止出错,每次保存关闭"4 照片视频 .xls"前,应在已处理过的最后一行涂上颜色作为标记。

④保存并关闭"重命名 .bat"文件,再双击它,所需重命名的文件即可自动转换为"规范名",例如"11011 房子 _ 屋 1_20110124 岩下 _20110124_0133.jpg"。

(2)调查对象照片

保留原始名,并在前面加"00001 张三"、"00002 李四"等,二者之间用下划线"_"隔开,例如原始名"20110315_0001.jpg",需改为"00001 张三 _20110315_0001.jpg"。如果同一个调查对象有多张照片,在原始名前面加"00001 张三 1"、"00001 张三 2"、"00001 张三 3"等。各调查对象的先后顺序为主要发音人—其他发音人—文化调查的调查对象。

(3)调查过程照片

保留原始名,并在前面加"00001 调查"、"00002 调查"、"00003 调查"等,二者之间用下划线"_"隔开,例如原始名"20110315_0001.jpg",需改为"00001 调查 _20110315_0001.jpg"。

(4)属于以上三类照片以外的其他照片文件,保留原始名,并在前面加注汉字,二者之间用下划线"_"隔开,例如"文面女 _20110315_0001.jpg"。

四 文件归档

1. 调查人应按以下系统(见表 4)整理好各种文件。调查人需按该系统的结构把各种文件放到相应的位置,对已有文件夹及文件的位置和名称不得做任何改动。"语料整理"文件夹位于"调查点文件包\需交文件电子版"文件夹中。

2. 模板表文件的位置勿做改动。

3. 录音文件

使用 byly(北语录音)录音,在不改变录音用表位置的情况下,全部录音文件会自动保存在规范位置("调查点文件包\需交文件电子版\语料整理\录音")。如使用其他录音软件,需手动把录音文件放到"调查点文件包\需交文件电子版\语料整理\录音"文件夹下各相应的文件夹里。

4. 视频文件保存至"调查点文件包\需交文件电子版\语料整理\视频"文件夹下各相应的文件夹里。

（1）原始发音视频文件放入"发音原始"文件夹。

（2）剪辑后的发音视频文件放入"发音剪辑"文件夹。（无须剪辑的原始发音视频文件，其备份文件按剪辑后的发音视频文件处理）

（3）原始文化视频文件放入"文化原始"文件夹。

（4）剪辑后的文化视频文件放入"文化剪辑"文件夹。（无须剪辑的原始文化视频文件，其备份文件按剪辑后的文化视频文件处理）

5. 照片文件保存至"调查点文件包\需交文件电子版\语料整理\照片"文件夹下各相应的文件夹里。

表4 "语料整理"文件夹系统

文件夹	文件夹	文件夹	文件
语料整理	模板表	excel 表	1 概况 .xls
			2 音系 .xls
			3 词语 .xls
			4 照片视频 .xls
		word 表	1 音系说明 .doc
			2 俗语谚语 .doc
			3 歌谣 .doc
			4 曲艺戏剧 .doc
			5 故事吟诵 .doc
			6 用字代码表 .doc
			7 转写校对记录表 .doc
	录音	音系	01011 东 .wav …
		词语	11011 房子 .wav …
		语篇	94011 童谣 .wav …
	视频	发音原始	11011 房子-11939 住宅增补 3_20110315105004.m2ts …
		发音剪辑	11011 房子 .m2ts …
		文化原始	20110315105004.m2ts …
		文化剪辑	13031 上梁_上梁 1_20110124 岩下_20110315105004.m2ts …
		其他	文面女_20110315105004.m2ts …
	照片	调查条目	11011 房子_屋 1_20110124 岩下_20110124_0133.jpg …
		调查对象	00001 张三_20110315_0001.jpg …
		调查过程	00001 调查_20110315_0001.jpg …
		其他	文面女_20110315_0001.jpg …

五　校　对

1. 所有材料至少要经过两遍人工校对。校对的重点是转写后的汉字和音标、音像文件质量、文件名以及文件位置。

2. 一校由调查团队成员负责，二校由调查团队负责人负责。校对过程中要填写《转写校对记录表》。

3. 校对过程中发现错漏，应及时核实和补查，必要时应重新进行调查。

4. 调查团队负责人对所有调查资料的质量负责。

叁 图册编写规范

一 总体安排

1. 图册全书收图 600 幅左右，文字约 10 万字。图册样稿在"调查点文件包\软件和样本\样本\图册编写"文件夹中。

2. 书的主体为房屋建筑、日常用具、服饰、饮食、农工百艺、日常活动、婚育丧葬、节日、说唱表演九大部分。

书前为"引言"。引言分为三节，简要介绍调查点、调查点方言和凡例，需在课题组提供的样本基础上编写。

书后附"索引"。索引收录图册"壹"至"捌"部分的所有条目，按条目音序排列。条目首字如是《现代汉语词典》未收的字、方框"□"，统一归入"其他"类，列在索引最后，并标出整个词的音，按"引言"第二节里声母表的顺序排列；条目或图名中如有方框"□"，在后面标出整个词的音。每条索引加上词条的页码，页码采取右齐的方式排列。

3. 主体部分各章节名称和顺序应与"第二编 调查表"一致（但"吟哺"不收入），大类为章，中类为节（但不用"章"、"节"字样）。不过，必要时可根据实际情况对节（中类）进行调整（内容过少的可合，无内容的可删），例如可把中秋节合入"其他节日"。

4. 条目排列大致上以"第二编 调查表"的顺序为依据，同时兼顾系统性和逻辑性。"增补"类的条目根据具体内容插入本中类的适当位置。

如果某个条目可归多个大类，先尽特殊的类。例如"年糕"可归饮食、节日，建议归节日。为了阅读方便，可把一些关系特别密切的条目放在一起，例如把"犁"放在农事类"耕田"的后面（而不放入农具类）。

5. 每章（大类）开头的概述一般限 1000 字以内。

二　图、词、文关系

1. 除"说唱表演"章（参看"叁·六"）外，每个条目均由"图"（图片）、"词"（词条）、"文"（文案）三部分组成。先出图片，再出方言词条，最后写文案。不能"有图无词"、"有词无图"或"有图词无文"。

2. 一词多图，即一个方言词条配多张图片（例如整体图和局部图、静物图和使用图）。一般应为"一词一图"，少数情况下可"一词多图"，"一词多图"时图片一般以2张为限。

如果事物、活动不同或差别很大，图片不同，但方言词相同，可作不同的条目处理。如果出现在同一节（中类），可在方言词条后加"（之一）"、"（之二）"。如果出现在不同节里，按正常情况处理。

3. 一图多词，即一张图片配多个方言词条。"一图多词"需严格控制，只在非用不可的情况下方可使用。词条位置用"艾［ɛ^{341}］｜水菖蒲［ɕiei^{52}tɕ^{h}io^{24}bu^0］"的方式表示。

三　图片

1. word 文件里的图片需压缩（右击图片-设置图片格式-压缩-文档中所有图片-确定），并一律调至横版宽 8 厘米、竖版宽 5.5 厘米、高度不限（右击图片-设置图片格式-大小-在"宽度"绝对值中输入 8 或 5.5，不必设置"高度"-在对话框左下角的"锁定纵横比（A）"、"相对原始图片大小（R）"前打"√"-确定）。

必要时，可对图片进行裁剪等编辑加工（以横板为例：右击图片-打开方式-Microsoft Office Picture Manager-编辑图片-裁剪-纵横比 10×15-确定-保存）。

word 文件里的图片要与图片文件夹里的完全一致。

2. 图片顶格左齐。

3. 在图片的下方右侧，先空一字符（6号），再用 6 号字注图号和拍摄地点，例如"8-5◆$_{岩下}$"。短横前面的数字表示大类，短横后面的数字是该大类内部图片的顺序号。拍摄地点一般为村级名称（后不带通名"村"字），调查点为城市时可写街道名或较小的地名。如果拍摄地点不详，就写"地点不详"（但应限于个别图片）。

图片如由作者（包括课题团队成员）拍摄，不注拍摄者姓名。如由他人提供，在拍摄地点后用"（　）"注拍摄者姓名或提供者名，例如"8-10◆台岩（傅惠钧摄）"。

拍摄时间可在"引言　三　凡例　2. 图片来源"里交待。

4. 为协助美编设计，需把图片分为 A、B、C 三级，并标出其中的 A、B 级图（余下的即为 C 级图）。

A、B 级图须具有重要性、特色性和美观性，其中 A 级图为跨页或整页图，B 级图为半页图。全书 A 级图限 10 张以内，原则上每章选 1 张，但有的章适用多的可选 2 张，如"婚育丧葬"章婚事、丧事可各选 1 张，有的章没有适用的也可不选，如"日常用具"、"服饰"、"饮食"章。B 级图限 40 张以内，每章选 5 张左右。

A、B 级图的标示方法是在该图下方右侧的地名后面加上"【A 级图】"、"【B 级图】"（5 号红色），例如"1-38 ◆台岩【A 级图】"。C 级图不作标示。

5. 原则上不使用拼图。

6. 必要时可使用简明示意图来说明方言文化现象。

四　词条

方言词条顶格左齐，用黑体。为醒目起见，在 word 文件里用红色字显示。如是一词多说（一物多名），或有又读，以最主要的一个说法作条目名，注最常用的读音，其他说法和读音在文案中交待。

五　文案

1. 文案应紧扣图片和词条，开门见山，直截了当，简明扼要，一般不做引申和考证。重要、有特色的条目可详写，所指明确、无特色的条目（例如茶几）可略写。文案篇幅控制在每条平均 3 行左右。

说明：如果先填写模板表后编写图册，可参考模板表"备注"列里的内容撰写文案。

2. 以文带词。文案中可带出少量其他方言词，但应限于与本条目直接相关者、非用不可者，要注意控制数量。

文案中出现的方言词，如是本条目名称（方言词条）要加引号，但不注音标。其他方言词（包括其他条目的方言词条）加引号，并在一节（中类）里首次出现时注音标（在引号后），必要时加注释（在方括号后）；在一节里除首次出现时外，只加引号，不注音释义。在别的节里，重复按此原则处理。

为减少对阅读的干扰，一些跟普通话相同或相近的方言词，在同一节里除首次出现时外，不再加引号。文案中出现的方言短语、句子一般不注音标。但方言词里如有方框"□"，不管出现在什么场合都要标出整个词的音。

对方言词的注释采用 6 号宋体夹注（6 宋夹注仅限于方言词）。一律不用页下注和文末注。

3. 如有一词多说、又读，可在文案开头交待，必要时可说明方言词的本字、特殊读音、构成、意义、用法等。

如果图片中有多种事物，文案中应指明本条目是指哪一种。

需参见其他图片时，直接性的用"（见图 2-5）"的方式，间接性、参考性的用"（参见图 8-12）"的方式。不用"见 × 章 × 节"的方式。

六 "说唱表演"章

1. "说唱表演"章收录纯语言类的方言文化现象，不收图片。

2. 方言语料按句分行，"句"以"。！？；"等句末标点为准，但长句也可在"，："等标点处分行。每句先转写汉字，再标音标，如需注释则用 6 号宋体小字加在句末（例如"肚饥：饿"）。如需转行则设置为悬挂缩进 1 字符。

3. "口彩禁忌"、"骂人话"、"俗语谚语"、"歌谣"、"曲艺戏剧"各部分条目下需有文案，简要介绍该条目的内容及其所反映的方言文化现象，字体 5 宋。

4. "口彩"一般以原词出条，例如"传袋"（谐"传代"，寓传宗接代意）。"禁忌"一般以婉辞出条，例如"果子"（婉称中草药）。

5. 如有隐语，可在"口彩禁忌"后增设"隐语"节。

6. "俗语谚语"中的歇后语如涉及谐音现象，用 6 宋注在音标后（例如"舅：谐'旧'"）。

7. "歌谣"、"曲艺戏剧"如果演唱时的声调和说话时不同，只需记录声母、韵母，不标声调，此时音节与音节之间空 1 格。

8. "故事"部分语流音变现象（脱落、弱化、合音等）较多，需按讲述人的实际发音转写音标。每个故事在最后附普通话意译，字体 5 楷。

七 其他体例

1. 使用 word 97-2003 兼容文档，A4 页面，上下边距 2.54 厘米，左右边距 3.17 厘米（即默认值），行距最小值 16 磅，页码对齐方式"居中"，在"格式\段落\中文版式"中勾选"允许西文在单词中间换行"。

2. 通常情况下，汉字用 5 宋，阿拉伯数字用 5 号 Times New Roman。音标统一用 5 号 IpaPanNew 字体，调值数字用 5 宋上标，音标括号用 5 宋"[ ]"。小字注用 6 宋。

3. 记音、用字规范参看"壹·八"、"壹·九"。注音时零声母不标 [ø]。

4.每章（大类）单独起页，每章内各节（中类）也单独起页。章名 3 宋粗体，上下各空 3 行 5 号字。节名 4 宋粗体，上下各空 2 行 5 号字。

5.条目和条目之间空一行。图片和方言词条之间不空行。如是一词多图，图和图之间空一行。

八　文件命名及归档

1.图册编写完后，需按以下系统（见表 5）整理好各种文件并规范文件命名。"图册编写"文件夹位于"调查点文件包\需交文件电子版"文件夹中。

2.word 文件和 pdf 文件一章一个文件，文件名格式为"序号章名"，例如"1 房屋建筑.doc"及"1 房屋建筑.pdf"。word 文件放入"调查点文件包\需交文件电子版\图册编写\word 文件"文件夹中。pdf 文件放入"调查点文件包\需交文件电子版\图册编写\pdf 文件"文件夹中。

3.图片文件按章放入"调查点文件包\需交文件电子版\图册编写\图片文件"文件夹下相应的文件夹里。图片文件的命名方式是在原始名前加图号和方言词，例如"1-9 中心间 20110808_3607.jpg"。如是一词多图，在方言词后再加"（1）"、"（2）"区分，例如"1-3 老屋（1）DSC08176.jpg"、"1-4 老屋（2）IMG_10233.jpg"。

表 5　"图册编写"文件夹系统

文件夹	文件夹	文件夹	文件
图册编写	word 文件		1 房屋建筑.doc …
	pdf 文件		1 房屋建筑.pdf …
	图片文件	1 房屋建筑 …	1-9 中心间 20110808_3607.jpg …

肆 音像加工规范

本节主要介绍如何为音像资料添加字幕（包括音标）。配图片、加效果等加工方法另见。

目前需要添加字幕的主要是发音视频，文化视频暂不需要添加字幕。供参考的音像加工样本在"调查点文件包\软件和样本\样本\音像加工"文件夹里。

一 准备工作

1. 正确安装以下软件（位于"调查点文件包\软件和样本\加工软件\视频加工"文件夹里）

（1）ELAN

用于对音视频文件进行转写、标注，并制作字幕文件。

（2）终极解码（FinalCode）

用于增强对音视频文件格式的支持。安装过程中注意一定要去掉"播放器及辅助工具"复选框中的"√"（参看图23）。

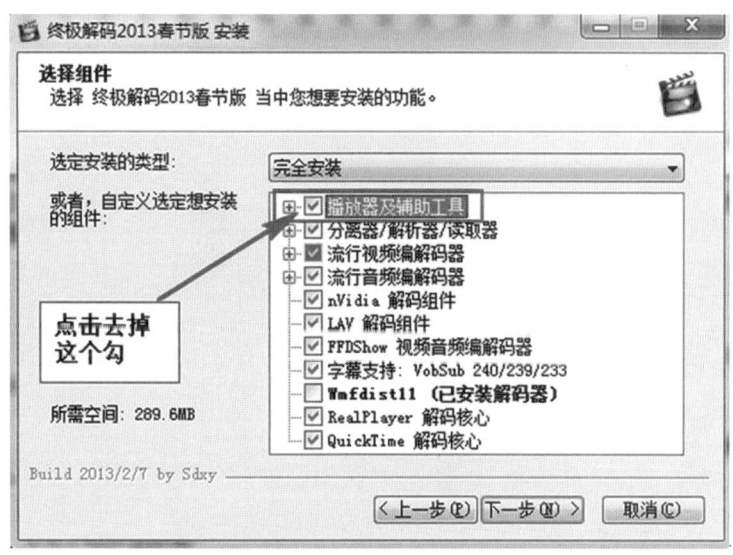

图23 去掉"播放器及辅助工具"复选框中的"√"

（3）AVS Audio Converter

用于提取视频文件中的音频。注意安装过程中要去掉"RealMedia format pack"和"MIDI format pack"复选框里的对勾，安装结束前要去掉"Launch AVS Audio Conveter"复选框里的对勾。请注意该软件的使用限制问题。

（4）Notepad++

用于转换字幕文件的文本编码，避免在使用某些播放软件播放时显示乱码。

（5）QQ影音、暴风影音等通用播放器软件

用于播放带外挂字幕的视频文件。

2. 对ELAN进行偏好设置

（1）运行ELAN。依次点击菜单栏中"编辑"、"软件设置"、"偏好设置"。（参看图24）

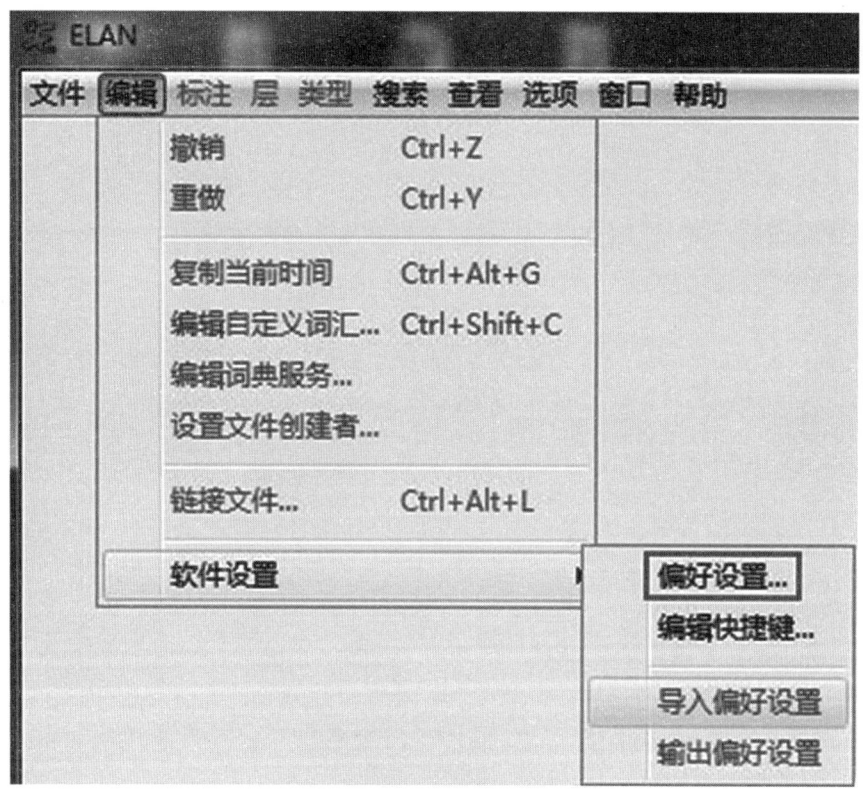

图24 ELAN偏好设置

（2）点击左侧列表第四项"平台/操作系统"，在"编辑偏好设置"区域勾选"使用Windows式样界面"，点击"应用"确定。（参看图25）

（3）点击菜单栏中"编辑"、"软件设置"、"偏好设置"，进行其他选项的设置。点击左侧列表第六项"查看选项"，在"编辑偏好设置"区域，"字幕行数选择"设置为1，（也可根据需要设为其他数目）勾选"减少层高度"，最后点击"应用"。（参看图26）

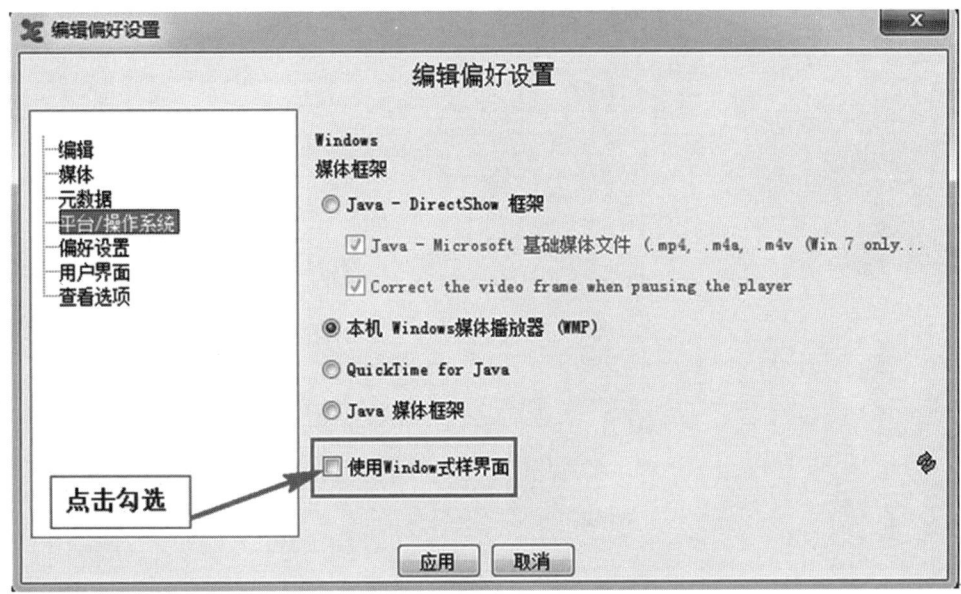

图 25 勾选"使用 Windows 式样界面"

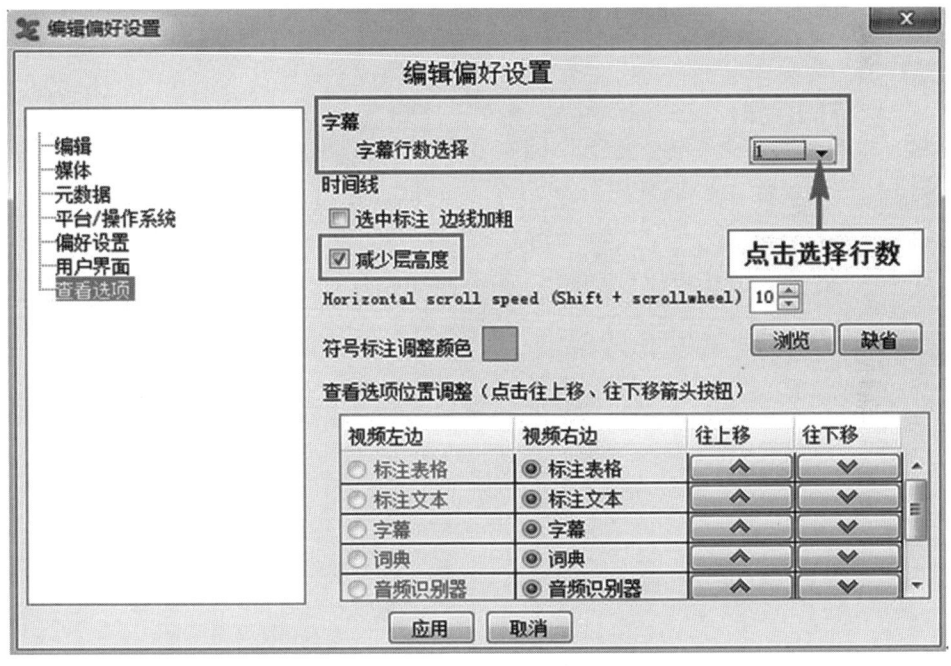

图 26 字幕行数选择及层高度设置

3. 设置快捷键

使用快捷键可大大提高 ELAN 的工作效率。点击菜单栏"编辑"、"软件设置"、"编辑快捷键",可查看并设置各种快捷键。(参看图 27)

图 27 编辑键盘快捷键

ELAN 可分别设置标注、转写、分割等不同模式下的快捷键，也可以设置所有模式共同的快捷键。在不与操作系统快捷键和其他软件快捷键冲突的前提下，可根据电脑键盘特点、个人使用习惯等对快捷键灵活进行自定义。以分割模式中的"分割键"和"播放/暂停"为例，点击"分割模式"选项卡，点击选中"分割键"所在行，再点击"编辑快捷键"，弹出对话框后在键盘上同时按下"Ctrl"和"1"键，点击"应用"后就把"分割键"的快捷键设为"Ctrl+1"了；用同样的方法将"播放/暂停"的快捷键设置为"Ctrl+2"。点击"保存"完成设置。

二 转写、标注视频材料

1. 为要转写、标注的视频文件新建同名文件夹

需要转写、标注的是已规范命名的视频文件，在正式转写、标注前，先建同名文件夹将视频文件复制到里面。

2. 从视频文件中提取音频文件

打开 AVS Audio Converter，点住要提取音频的视频文件，将其拖入 AVS Audio Converter 左侧的窗口中。点击"WAV"，选择"CD Quality"，音频输出位置就是视频文件所在的文件夹，最后点击右下角的"Convert now！"，即可从视频文件中提取出 wav 格式的音频文件。(参看图 28) 此音频文件应与视频文件同名（除后缀外）。

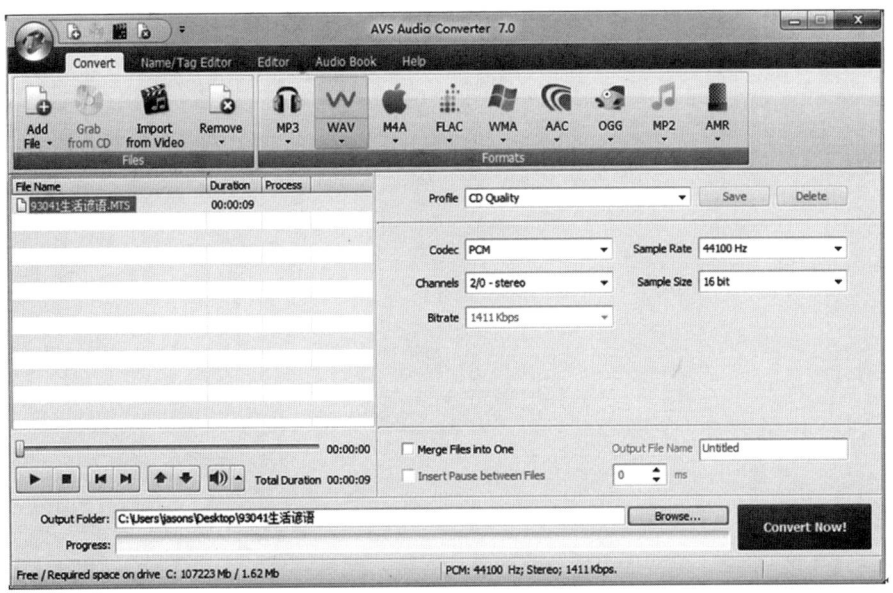

图 28 从视频文件中提取音频

3. 将音频文件导入 ELAN 并保存 .eaf 格式文件

运行 ELAN，点击菜单栏中"文件"、"新建"，在弹出的对话框中，找到并打开视频、音频所在文件夹，选中音频文件，再点击 >> 图标，最后点击"确定"将音频文件导入 ELAN 中。（参看图 29）

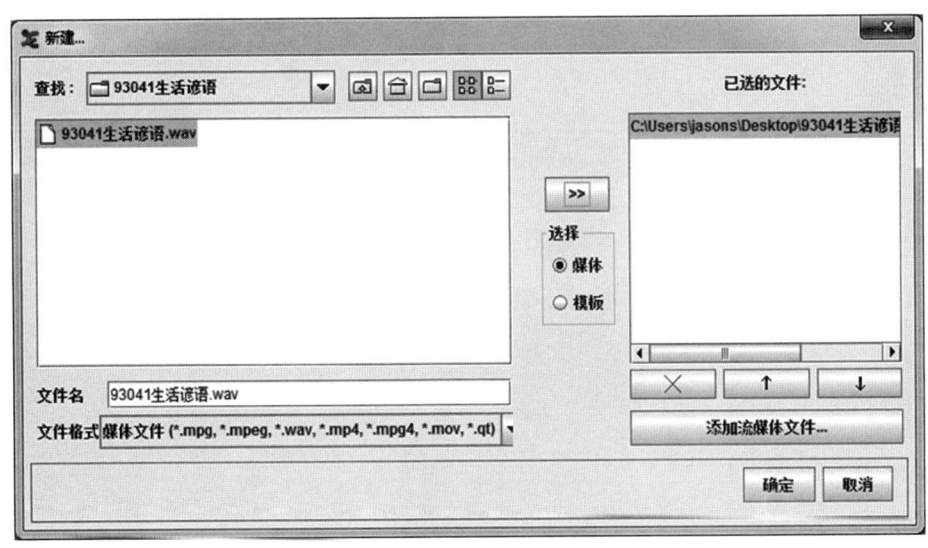

图 29 将音频文件导入 ELAN

点击菜单栏中"文件"、"保存"，找到并打开音频文件所在文件夹，在文件名中输入与音频文件相同的文件名（除后缀外），点击"保存"。（参看图 30）

请注意该 .eaf 格式文件必须和音频、视频文件同名，否则会影响到字幕文件在播放器中的自动调用。

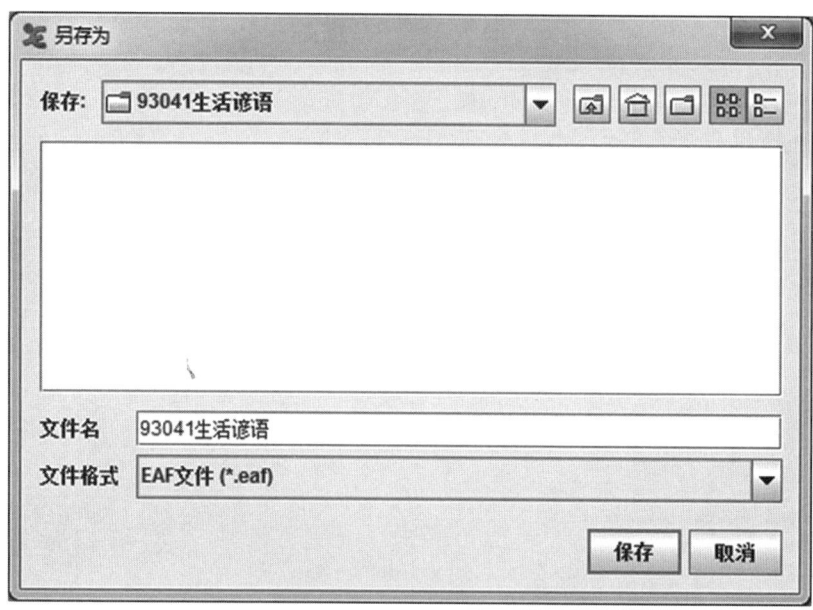

图 30 保存与音频、视频文件同名的 .eaf 格式文件

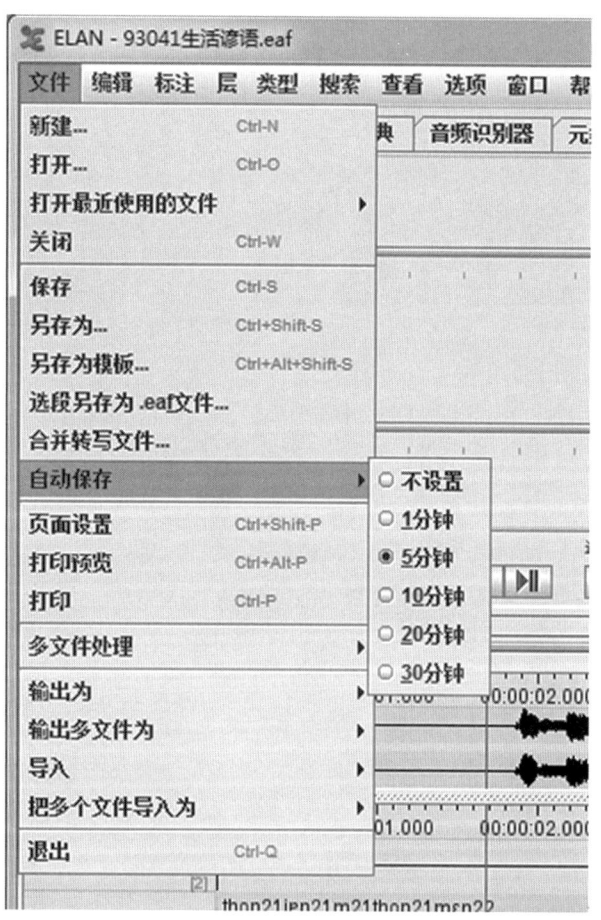

图 31 设置自动保存时间

4. 设置自动保存时间

点击菜单栏中"文件"、"自动保存",选择"5分钟"。(参看图31)

5. 添加语言学类型

点击菜单栏中"选项"、"标注模式"。在"标注模式"下,点击菜单栏中"类型"、"添加新的语言学类型"。在"添加类型"对话框下部的"添加"选项卡中的"类型名称"里录入"Dialect",点击"添加",上方"当前类型"表格中就出现了新的"Dialect"类型;继续在"类型名称"里录入"Ipa",原始类型选择"Symbolic Association",点击"添加";再次在"类型名称"里录入"Pth",原始类型选择"Symbolic Association",点击"添加"。三种语言学类型添加完毕后点击"关闭"。(参看图32)

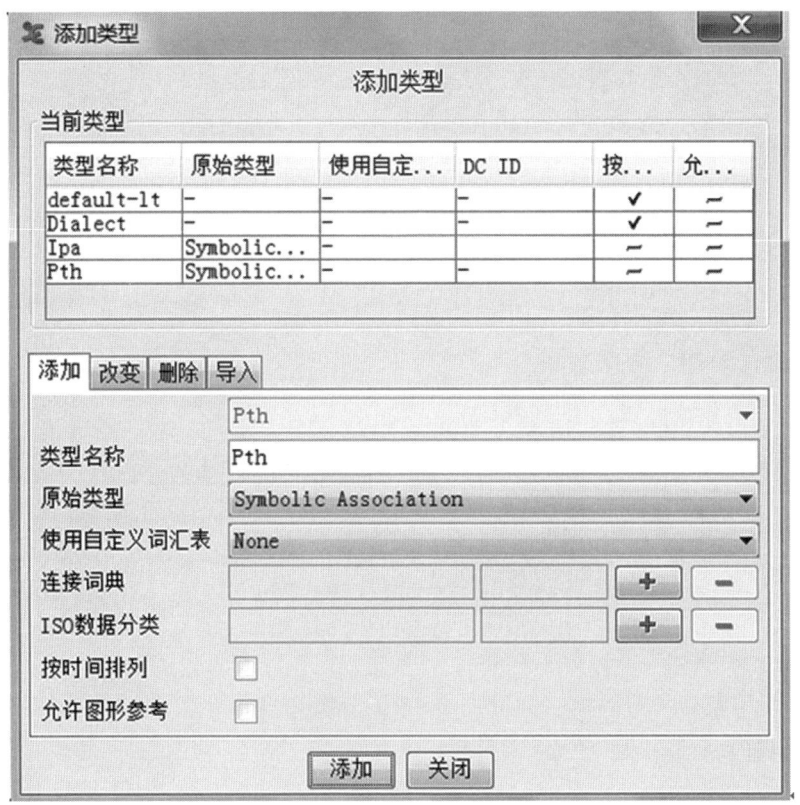

图32 添加语言学类型

6. 修改层属性

右击音频波形图下方左侧的"default",选择"更改此层属性"。在弹出的"更改层属性"对话框下方的"改变"选项卡中,修改"层名"为"方言","语言学类型"选择"Dialect"。点击"更多选项",在弹出对话框中把"层字体"设为"宋体"并"应用",最后点"改变"退出。(参看图33)

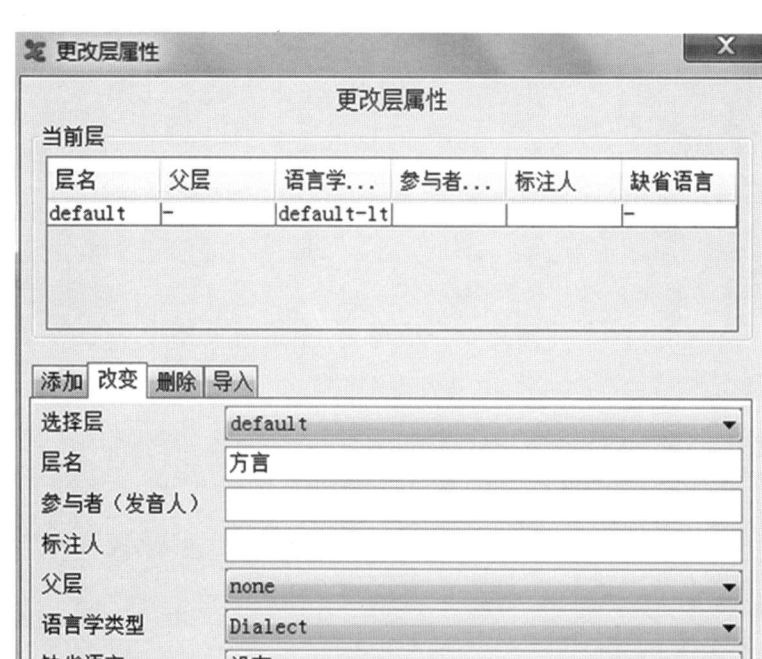

图 33 修改层属性

7. 在分割模式中建立分割标记

点击菜单栏中"选项"、"分割模式",将"分割方式"设定为"一个标记确定一个标注段(相邻的标注段)"。点击"||◀"(默认快捷键为"Ctrl+B")将光标移到音频波形图的起点,按"Ctrl+1"("分割键"的快捷键),确定第一个标注段的起点,然后点击"▶"(快捷键为"Ctrl+2")播放录音,在自然停顿的第一个分句后点击"||"(快捷键也为"Ctrl+2")暂停,再按"Ctrl+1"与开头的分割标记连接确定第一个分割段,循环操作直至完成全部分割标记。(参看图34)

如果整个分割段的分割有误,把光标移到这个分割段上,分割断呈现绿色扁"H"形,按"Del"键,就可以把这个分割段删除。

如果在分割模式下保留"分割键"的快捷键为"Enter",那么经常会遇到无法顺利分割的问题,请将其快捷键从"Enter"改为其他键。

8. 在标注模式下添加音标层和普通话层

点击菜单栏中"选项"、"标注模式"切换到标注模式,点击菜单栏中的"层"、"复制层",在"选择复制层"中点击"方言"、"下一个",再点击一次"方言"将其作为音标层的父层。(参看图35)点击"下一个",接着把"语言学类型"选为"Ipa",点击"结束"完成复制。

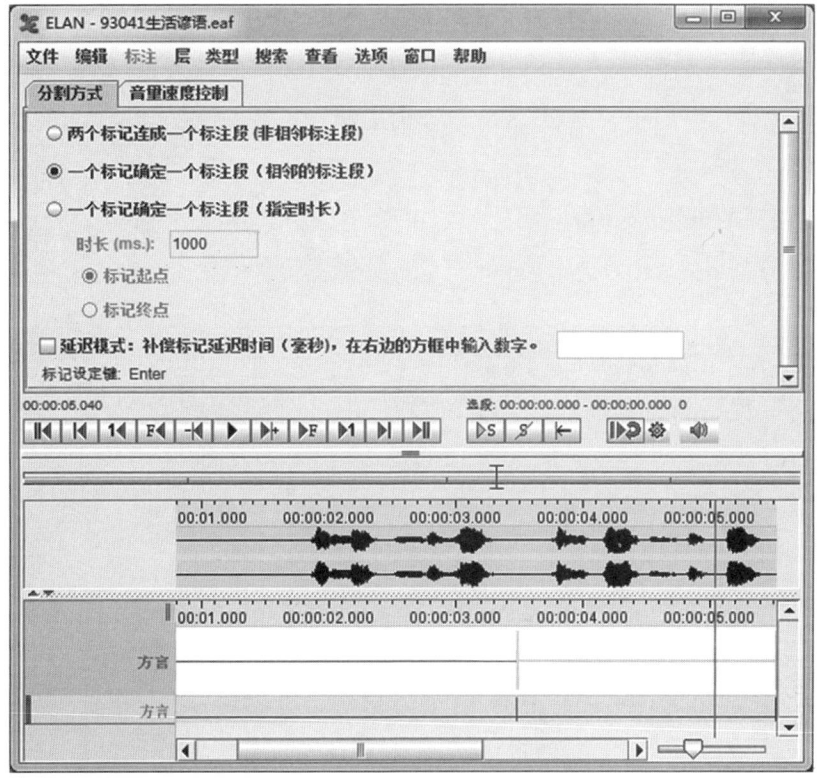

图 34 在分割模式中建立分割标记

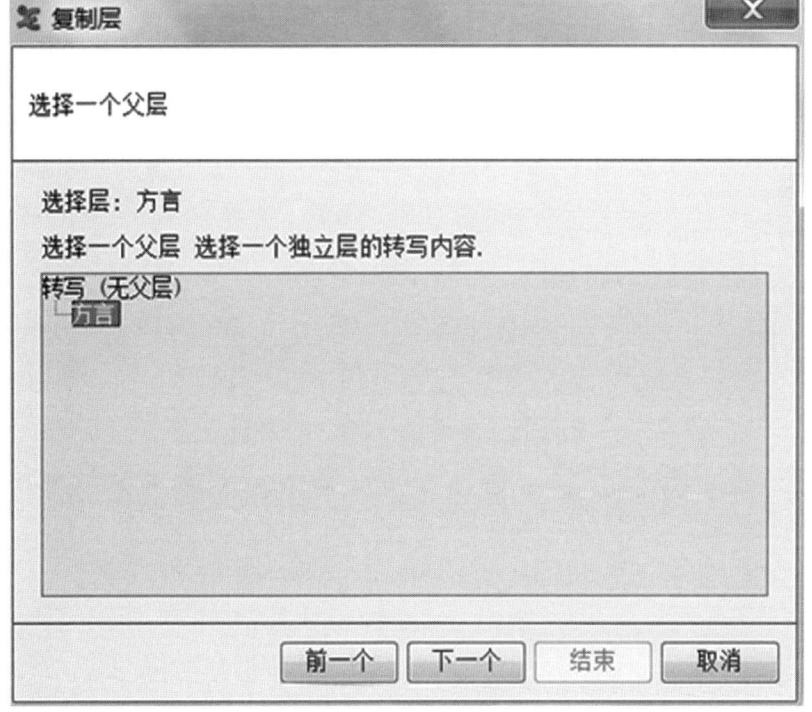

图 35 选择父层

此时，波形图下方出现两个层，一个是"方言"、一个是"方言-CP"。在"方言-CP"上单击鼠标右键，选择"更改此层属性"，把层名由"方言-CP"改为"国际音标"。点击"更多选项"，在弹出对话框中把"层字体"设为"IPAPANNEW"并"应用"，最后点击"改变"退出。

用上述相同的方法建立第三层"普通话"。注意父层也是"方言"，"语言学类型"选择"Pth"，层字体设置为"宋体"。完成后如图36所示。

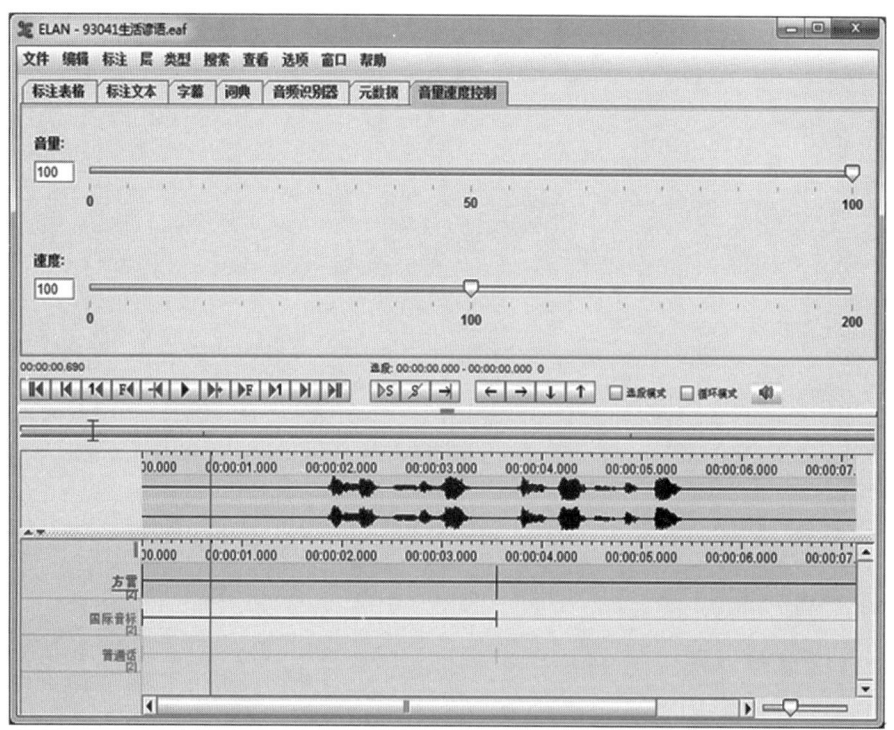

图 36 建立方言、音标、普通话层

9. 在转写模式下进行转写

点击菜单栏中"选项"、"转写模式"，在弹出的对话框里，"选择字体大小"为"18"，"选择表栏数目"为"3"，"选择列的语言学类型"依次选择"Dialect"、"Ipa"、"Pth"，最后点击"应用"。（参看图37）

转写时，先单击"方言"列的第一个空格，ELAN会播放第一个分句，听写者根据录音转写，转写完成后，按"Enter"进行下一个空格的转写，依此类推，直至最后一句。完成了方言的转写，再按同样的方法进行音标（必须用IpaPanNew字体）、普通话的转写。（参看图38）

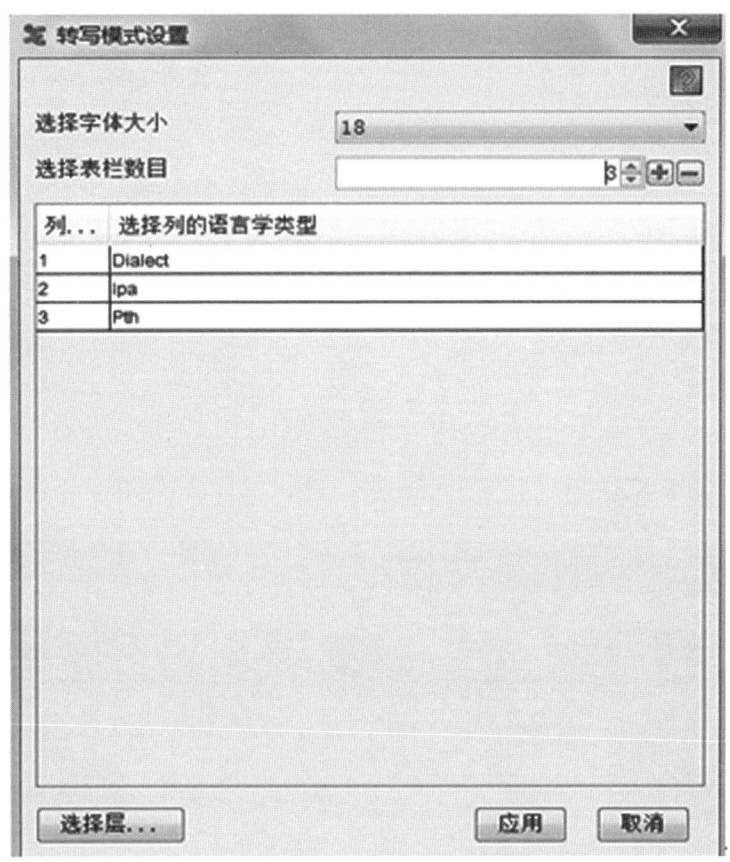

图 37 转写模式设置

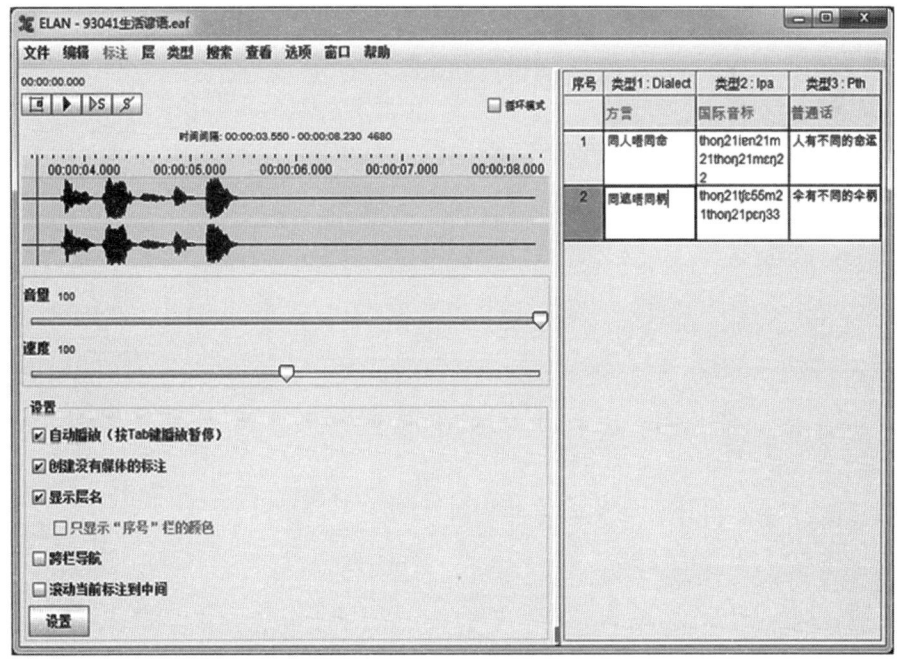

图 38 逐句转写

以上是转写、标注视频材料的基本步骤，在此基础上还可以灵活采取一些方法来提高效率、减少失误，例如，可利用模板文件来避免机械性重复设置语言学类型和层名。此类技巧性方法另见。

三 制作字幕文件

1. 输出字幕文件

完成转写、标注后，点击菜单栏中"文件"、"输出为"、"字幕文本"、"确定"，"文件格式"选择"*.srt"，"Encoding"选择"UTF-8"，将文件保存至视频、音频、.eaf 文件所在的文件夹，文件名与视频、音频、.eaf 文件相同。（参看图39）

图 39 输出字幕

需要的话，再输出 .lrc 格式字幕文件，步骤同上，只是"文件格式"应选择"*.lrc"。字幕文件必须与视频、音频文件同名，否则播放视频时无法自动调用字幕。

2. 字幕文件的内码转换

右击 .srt（或 .lrc）格式字幕文件，选择"Edit With Notepad++"。打开 Notepad++ 后点击菜单栏中"格式"、"转为 UTF-8 编码格式"，再保存关闭即可。（参看图40）

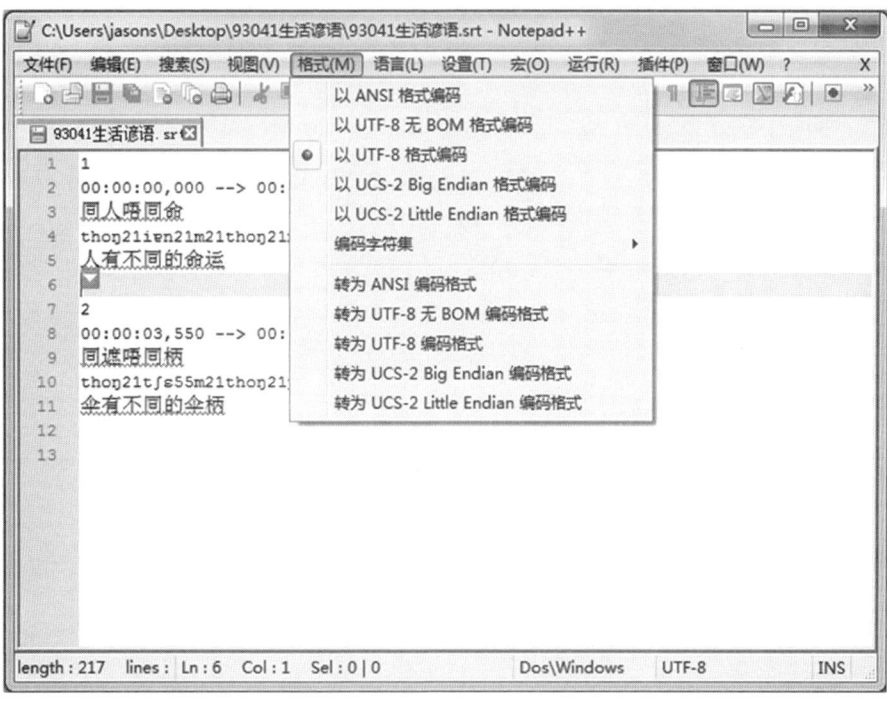

图 40 字幕文件的内码转换

3. 播放带字幕的视频文件

完成上述工作后，使用 QQ 影音、暴风影音等播放器直接打开同名视频文件，便能显示字幕。（参看图 41）

图 41 播放带字幕的视频文件

四 文件归档

1. 音像加工完毕后,需按以下系统(见表6)整理好各种文件。"音像加工"文件夹位于"调查点文件包\需交文件电子版"文件夹中。

2. 将每个视频所在的同名文件夹以及文件夹中的全部文件一并放入"调查点文件包\需交文件电子版\音像加工\发音视频"文件夹里。

表6 "音像加工"文件夹系统

文件夹	文件夹	文件夹	文件
音像加工	发音视频	93041 生活谚语 …	93041 生活谚语 .mts 93041 生活谚语 .wav 93041 生活谚语 .eaf 93041 生活谚语 .srt 93041 生活谚语 .lrc 93041 生活谚语 .pfsx

伍 资料提交规范

全部工作完成后,在"需交文件电子版"文件夹名称前加上调查点名称,例如"汤溪需交文件电子版",并与该调查点的纸版《调查手册》、记录本等一起交给课题组。(见表7)

表7 汤溪需交文件总表

文件夹	文件夹	文件夹	文件夹	文件
汤溪需交文件电子版	语料整理	模板表	excel 表	1 概况 .xls
				2 音系 .xls
				3 词语 .xls
				4 照片视频 .xls
			word 表	1 音系说明 .doc
				2 俗语谚语 .doc
				3 歌谣 .doc
				4 曲艺戏剧 .doc
				5 故事吟诵 .doc
				6 用字代码表 .doc
				7 转写校对记录表 .doc
		录音	音系	01011 东 .wav …
			词语	11011 房子 .wav …
			语篇	94011 童谣 .wav …
		视频	发音原始	11011 房子-11939 住宅增补 3_20110315105004.m2ts …
			发音剪辑	11011 房子 .m2ts …
			文化原始	20110315105004.m2ts …
			文化剪辑	13031 上梁_上梁 1_20110124 岩 下_20110315105004.m2ts …
			其他	文面女_20110315105004.m2ts …

(续表)

	照片	调查条目	11011 房子_屋 1_20110124 岩下 _20110124_0133.jpg …
		调查对象	00001 张 三 _20110315_0001.jpg …
		调查过程	00001 调 查 _20110315_0001.jpg …
		其他	文面女 _20110315_0001.jpg …
图册编写	word 文件		1 房屋建筑 .doc …
	pdf 文件		1 房屋建筑 .pdf …
	图片文件	1 房屋建筑 …	1-9 中心间 20110808_3607.jpg …
音像加工	发音视频	93041 生活谚语 …	93041 生活谚语 .mts 93041 生活谚语 .wav 93041 生活谚语 .eaf 93041 生活谚语 .srt 93041 生活谚语 .lrc 93041 生活谚语 .pfsx
需交文件纸版	《调查手册》、记录本		
其他①			

①指未包含在以上文件里的调查资料，例如本地方言文化的研究文献、额外调查的方言文化材料等。

第二编

调查表

零 概況

一　调查点

1. 调查点 行政区划及其名称以调查时为准：

　　　　　　　（省级）　　　　　　　（地级）　　　　　　　（县级）

　　　　　　（街道办事处或乡镇）　　　　　（居委会或行政村）

2. 旧区划及其名称 行政区划近年如有调整，请在下面注明旧区划：

　　　　　　　（省级）　　　　　　　（地级）　　　　　　　（县级）

　　　　　　（街道办事处或乡镇）　　　　　（居委会或行政村）

3. 本县东经度：　　　　　　　　北纬度：

4. 本县人口：

5. 本县民族及其人口：

6. 本县有无少数民族语言？如有，其种类、分布、人口和使用情况：

7. 本县汉语方言的种类 按"口音"区分，包括方言岛、分布、人口、使用和变化情况 本部分内容调查得越细越好：

8. 本县有无用方言说唱的曲艺或地方戏？如有，其种类和使用情况：

二 主要发音人

9. 姓名：

10. 单位：

11. 通信地址：

12. 电话：

13. E-mail：

14. 性别：

15. 民族：

16. 出生年月公历：

17. 出生地从省级至自然村级：

18. 主要经历：

19. 文化程度：

20. 职业：

21. 会说哪几种话包括普通话、外语：

22. 现在主要说什么话：

23. 父亲是哪里人，会说什么话：

24. 母亲是哪里人，会说什么话：

25. 配偶是哪里人，会说什么话：

三 其他发音人和调查对象

（一）其他发音人和调查对象（1）

26. 姓名：

27. 通信地址：

28. 电话：

29. 性别：

30. 民族：

31. 出生年月 公历：

32. 出生地 从省级至自然村级：

33. 文化程度：

34. 职业：

35. 提供的调查材料：

（二）其他发音人和调查对象（2）

36. 姓名：

37. 通信地址：

38. 电话：

39. 性别：

40. 民族：

41. 出生年月 公历：

42. 出生地 从省级至自然村级：

43. 文化程度：

44. 职业：

45. 提供的调查材料：

（三）其他发音人和调查对象（3）

46. 姓名：

47. 通信地址：

48. 电话：

49. 性别：

50. 民族：

51. 出生年月 公历：

52. 出生地 从省级至自然村级：

53. 文化程度：

54. 职业：

55. 提供的调查材料：

（四）其他发音人和调查对象（4）

56. 姓名：

57. 通信地址：

58. 电话：

59. 性别：

60. 民族：

61. 出生年月 公历：

62. 出生地 从省级至自然村级：

63. 文化程度：

64. 职业：

65. 提供的调查材料：

（五）其他发音人和调查对象（5）

66. 姓名：

67. 通信地址：

68. 电话：

69. 性别：

70. 民族：

71. 出生年月 公历：

72. 出生地 从省级至自然村级：

73. 文化程度：

74. 职业：

75. 提供的调查材料：

（六）其他发音人和调查对象（6）

76. 姓名：

77. 通信地址：

78. 电话：

79. 性别：

80. 民族：

81. 出生年月 公历：

82. 出生地 从省级至自然村级：

83. 文化程度：

84. 职业：

85. 提供的调查材料：

（七）其他发音人和调查对象（7）

86. 姓名：

87. 通信地址：

88. 电话：

89. 性别：

90. 民族：

91. 出生年月_{公历}：

92. 出生地_{从省级至自然村级}：

93. 文化程度：

94. 职业：

95. 提供的调查材料：

四 调查人

96. 负责人姓名：

97. 单位：

98. 通信地址：

99. 电话：

100. E-mail：

101. 其他调查人 1 姓名：

102. 其他调查人 2 姓名：

103. 其他调查人 3 姓名：

104. 其他调查人 4 姓名：

五 调查情况

105. 调查时间：　　年　月　　日至　　年　月　　日

106. 调查地点：

107. 当地协助调查的其他人员、单位及联系方式：

108. 其他情况：

六　音系

（一）声调 只记声调

古　调	古　声	例　字	描　写	调类调值
平	1. 全清	东 该 灯 风		
	2. 次清	通 开 天 春		
	3. 次浊	门 龙 牛 油		
	4. 全浊	铜 皮 糖 红		
上	5. 全清	懂 古 鬼 九		
	6. 次清	统 苦 讨 草		
	7. 次浊	买 老 五 有		
	8. 全浊	动 罪 近 后前~		
去	9. 全清	冻 怪 半 四		
	10. 次清	痛 快 寸 去		
	11. 次浊	卖 路 硬 乱		
	12. 全浊	洞 地 饭 树		
入	13. 全清	谷稻~ 百 搭 节 急		
	14. 次清	哭 拍 塔 切 刻		
	15. 次浊	六 麦 叶树~ 月		
	16. 全浊	毒 白 盒 罚		

（二）声母 只记声母

1. ［帮］八　　兵
2. ［滂］派　　片
3. ［並］爬　　病
4. ［明］麦　　明
5. ［非］飞　　风
6. ［敷］副　　蜂
7. ［奉］肥　　饭
8. ［微］味　　问
9. ［端］多　　东
10. ［透］讨　　天
11. ［定］甜　　毒
12. ［泥］脑　　南　　年　　泥
13. ［来］老　　蓝　　连　　路
14. ［精］资　　早　　租　　酒
15. ［清］刺　　草　　寸　　清
16. ［从］字　　贼　　坐　　全
17. ［心］丝　　三　　酸　　想
18. ［邪］祠　　谢
19. ［知］张量　竹
20. ［彻］抽　　拆
21. ［澄］茶　　柱
22. ［庄］争　　装
23. ［初］抄　　初
24. ［崇］事　　床
25. ［生］山　　双
26. ［章］纸　　主
27. ［昌］车汽~　春
28. ［船］船　　顺
29. ［书］手　　书
30. ［禅］十　　城
31. ［日］热　　软
32. ［见］高　　九
33. ［溪］开　　轻
34. ［群］共　　权
35. ［疑］熬　　月
36. ［晓］好~坏　灰　　响
37. ［匣］活　　县
38. ［影］安　　温
39. ［云］王　　云~彩
40. ［以］用　　药

（三）韵母 只记韵母

1. ［果］歌　坐　过　靴
2. ［假］茶　牙　写　瓦
3. ［遇］苦　五　猪　雨
4. ［蟹］开　排　鞋　米　赔　对　快
5. ［止］师　丝　试　戏　二　飞　鬼
6. ［效］宝　饱　笑　桥
7. ［流］豆　走　油

---

8. ［咸阳］南　盐
9. ［深阳］心　深
10. ［山阳］山　年　半　短　官　权
11. ［臻阳］根　新　寸　滚　春　云~彩
12. ［宕阳］糖　响　床　王
13. ［江阳］双　讲
14. ［曾阳］灯　升
15. ［梗阳］硬　争　病　星　横　兄
16. ［通阳］东　用

---

17. ［咸入］盒　塔　鸭　接　贴　法
18. ［深入］十　急
19. ［山入］辣　八　热　节　活　刮　月
20. ［臻入］七　一　骨　出　橘
21. ［宕入］托　药　郭
22. ［江入］壳　学
23. ［曾入］北　直　色　国
24. ［梗入］白　尺　锡
25. ［通入］谷稻~　六　绿　局

（四）关于音系的说明

说　明

调查条目汇总表

大类	中类	小类	条目
壹　房屋建筑	一　住宅	17	约90条
	二　其他建筑	15	
	三　建筑活动	4	
贰　日常用具	一　炊具	13	约110条
	二　卧具	5	
	三　桌椅板凳	9	
	四　其他用具	20	
叁　服饰	一　衣裤	8	约70条
	二　鞋帽	8	
	三　首饰等	12	
肆　饮食	一　主食	8	约60条
	二　副食	10	
	三　菜肴	5	
伍　农工百艺	一　农事	10	约165条
	二　农具	16	
	三　手工艺	24	
	四　商业	6	
	五　其他行业	11	
陆　日常活动	一　起居	9	约100条
	二　娱乐	17	
	三　信奉	15	
柒　婚育丧葬	一　婚事	13	约85条
	二　生育	9	
	三　丧葬	11	
捌　节日	一　春节	14	约90条
	二　元宵节	3	
	三　清明节	3	
	四　端午节	2	
	五　中秋节	2	
	六　其他节日	12	
玖　说唱表演	一　口彩禁忌	6	约90条
	二　骂人话	2	
	三　俗语谚语	7	
	四　歌谣	3	
	五　曲艺戏剧	2	
	六　故事吟诵	3	
合计 9	36	334	约860条

1. 范围和原则

中国方言文化典藏的调查条目限于"方言文化"定义的范围，即"用特殊方言形式表达的具有地方特色的文化现象，包括地方名物、民俗活动、口彩禁忌、俗语谚语、民间文艺等"。

设立调查条目的主要原则是：具有显著的方言性和地方文化性，同时兼具重要性、濒危性或形象性。称谓是一种方言文化现象，地名、人名也具有一定的方言文化性质，但缺乏形象性，因此暂不收入。

本表主要适用于汉语方言。调查少数民族语言时，大类应与本表一致，中类尽量与本表一致，小类可根据实际情况进行调整。

2. 分类和归类

所有调查条目以文化为纲，分为9个大类。大类按照从具体到抽象、从物质文化到精神文化的顺序排列。从大体上说，"壹—肆"为住、用、衣、食，"伍—陆"主要为生产生活，"柒—捌"主要为礼俗，"玖"为口彩禁忌、俗语谚语、民间文艺，其中"肆—陆"为方言文艺语篇。

如果某个条目可归多个大类，先尽特殊的类（从大类顺序来说，一般是优先归入后面的大类）。例如"年糕"可归饮食、节日，本表归节日。

3. 小类和条目

"小类"（以黑体字表示）可以理解为一个调查的"范畴"，包括一个或多个"条目"（以楷体字表示）。小类是对条目的概括，条目是对小类的具体化。就"名物"而言，小类和条目多为"属"和"种"的关系；就"活动"而言，则多为"整体"和"部分"的关系。

由于各地方言文化差异很大，而编写者所掌握的知识有限，调查表中列出来的条目只能起到提示、举例的作用。调查时，调查人需根据调查点的实际情况对条目进行增删修改。新增条目如果不能纳入现有的小类，一律归入该中类最后的3个"增补"小类。

对小类和条目的注解用括号紧跟其后。

4. 数量

为了尽量保证各调查点之间的对应和均衡，课题组大致规定了各"大类"的调查条目数（见"调查条目汇总表"第4列），超出不限。例如"壹 房屋建筑"大约需调查90个条目。至于"大类"下面各"中类"、"小类"各需调查多少个条目，由调查人根据实际情况决定。

壹　房屋建筑

一 住宅

1101 房子（整体外观）
　　平房，楼房，单排房，多进房，四合院式，吊脚楼，干栏式，围屋，茅屋，窑洞

1102 堂屋（正房居中的一间，内部）
　　堂屋

1103 厨房（内部）
　　厨房，火塘间

1104 屋脊
　　屋脊，五脊六兽

1105 屋顶
　　坡顶，一面坡，两面坡，四面坡，多层坡，拱顶，圆顶，平顶

1106 瓦（包括其他铺屋顶用的材料）
　　草的，树皮的，竹片的，石片的，玻璃瓦（取光线用的），屋脊瓦，房檐瓦

1107 墙
　　泥墙，石墙，木板墙，木头墙（木楞子），竹篾墙

1108 马头墙（山墙顶部马头形的部分）
　　马头墙，单层的，多层的

1109 骑楼（楼房向外伸出在人行道上的部分）
　　骑楼

1110 门
　　大门，院门，拱门，石库门，八字门，矮门（大门外侧的），带门楼的

1111 门墩
    石头的，木头的

1112 窗户
    木格窗，砖石雕窗，天窗，飘窗（突出墙体的），支摘窗（可以支撑起来和摘下的）

1113 天井
    天井

1114 院子
    院子，四合院

1115 篱笆
    木头的，竹子的，树枝的，荆条的

1116 胡同
    胡同，石板路，鹅卵石路

1117 村庄（整体外观）
    平地上的，山坡上的，有寨门的，有造型的（如八卦村、船形村）

1191 住宅增补1

1192 住宅增补2

1193 住宅增补3

二 其他建筑

1201 厕所（旧式的）
    茅棚式，房屋式，猪圈式，缸式，桶式，坑式

1202 畜圈

    猪圈，牛圈，羊圈，马厩

1203 家禽的窝棚

    鸡的，鸭的

1204 粮仓

    粮仓

1205 窖

    地窖，菜窖，水窖

1206 水井

    吊水井，舀水井

1207 亭子

    风景亭，碑亭，钟亭，井亭，凉亭

1208 牌楼

    村口的，城口的，街上的

1209 牌坊

    功德牌坊，贞节牌坊

1210 碓坊

    碓坊，水碓，臼

1211 磨坊

    磨坊，磨（mò）

1212 油坊

    油坊

1213 窑

砖窑，瓦窑，陶瓷窑，石灰窑

1214 桥

拱桥，独木桥，木板桥，吊桥，风雨桥（廊桥），丁步（石墩子），栈桥，引水桥（渡槽）

1215 笕

房檐下的，田间的，竹子的，木头的

1291 其他建筑增补 1

1292 其他建筑增补 2

1293 其他建筑增补 3

三 建筑活动

1301 奠基

奠基，挖地基，垒墙脚

1302 垒墙

干打垒，干打垒的工具，打土坯，垒土坯墙，砌砖墙

1303 上梁㊝

上梁

1304 封顶

封顶

1391 建筑活动增补 1

1392 建筑活动增补 2

1393 建筑活动增补 3

貳　日常用具

一　炊具

2101 灶
　　灶，较简陋可移动的，只用铁架支撑的，火塘

2102 锅
　　饭锅，菜锅

2103 甑子
　　甑子

2104 烧火的用具
　　铲子，夹子，吹火筒，风箱

2105 水桶
　　水桶，井桶（吊水用的），泔水桶

2106 勺子（舀水的）
　　木勺，竹瓢（筸子），瓜瓢

2107 笊篱
　　竹篾的，柳条的，铁丝的

2108 炊帚
　　炊帚

2109 做食品的模子
　　做面食的，做清明馃的

2110 臼（捣蒜、捣胡椒等用的）
　　石头的，木头的

2111 碗
　　木碗，竹碗，陶碗

2112 碗柜（放碗碟、菜肴、作料等的柜子）
    碗柜

2113 筷筒
    竹子的，木头的，陶瓷的，编织的

2191 炊具增补 1

2192 炊具增补 2

2193 炊具增补 3

二 卧具

2201 床
    木床，竹床，架子床，罗汉床，吊床

2202 炕
    炕

2203 摇篮
    摇篮

2204 席子
    竹篾席，竹片席，草席，苇席

2205 枕头
    玉枕，瓷枕，木枕，竹枕

2291 卧具增补 1

2292 卧具增补 2

2293 卧具增补 3

三　桌椅板凳

2301 桌子
　　八仙桌，炕桌，圆桌，方桌

2302 案子（狭长的桌子）
　　案子

2303 茶几
　　茶几

2304 椅子
　　太师椅，竹椅，藤椅，躺椅

2305 凳子
　　长条形板凳，方凳，圆凳，小凳子，马扎

2306 踏床（坐时放脚的矮几）
　　床前的，椅子前的，宝座前的

2307 蒲团
　　蒲团

2308 小孩的座椅（一种婴儿车，小孩坐在里面，可固定身体）
　　木头的，竹子的

2309 小孩的站桶（一种较高的木桶，中有隔层，下可放火盆）
　　木头的

2391 桌椅板凳增补 1

2392 桌椅板凳增补 2

2393 桌椅板凳增补 3

四 其他用具

2401 脸盆
木头的，石头的，铜的

2402 脸盆架
脸盆架

2403 澡盆
澡盆，澡桶，澡缸

2404 马桶
带盖的，不带盖的

2405 扫帚
竹子的，棕的，茅穗的，高粱穗的，黍子穗的

2406 晾衣竿
筅，竹竿，架子

2407 灯
油灯，风灯，马灯，汽灯

2408 烤火的用具
火炉，火盆，烘篮，烘桶，烘凳

2409 扇子
蒲扇，麦秸编的

2410 坛子
酒坛子，菜坛子

2411 缸
水缸，酒缸，米缸，陶的，石头的

2412 箱子

　　木头的，竹子的，柳条的

2413 衣柜

　　立柜，卧柜，盖柜

2414 粮柜

　　柜式的，箱式的，带活动木板的

2415 篮子

　　竹子的，柳条的，藤条的，荆条的，草编的，装菜的，装豆腐的，装猪草的

2416 背小孩的用具

　　背篓，背椅，背包，背带

2417 轿子（非花轿）

　　轿子，驮轿，滑竿

2418 畜圈里的槽

　　猪槽，马槽，石头的，木头的

2419 狗气杀（带栅栏的家禽食具，可防止狗等抢食）

　　狗气杀

2420 猫叹气（带盖的竹器，大肚，长颈，用于盛放咸鱼等食品，可防止猫等偷吃）

　　猫叹气

2491 其他用具增补 1

2492 其他用具增补 2

2493 其他用具增补 3

叁 服饰

一　衣裤

3101 上衣
　　褂子（中式的单上衣），对襟衣，大小襟衣，马褂，棉衣

3102 裤子
　　开裆裤，灯笼裤，马裤，棉裤

3103 内衣
　　汗衫，背心，短裤，兜肚

3104 袍子（中式的长衣服）
　　长袍（男子穿的中式长衣），旗袍，棉袍

3105 裙子
　　筒裙，百褶裙，连衣裙

3106 围裙
　　围裙

3107 围嘴
　　围嘴

3108 蓑衣
　　蓑衣

3191 衣裤增补 1

3192 衣裤增补 2

3193 衣裤增补 3

二 鞋帽

3201 帽子
　　老人的，成人的，童帽

3202 斗笠
　　斗笠，草帽

3203 头巾
　　男式的，女式的，羊肚子手巾，包头

3204 布鞋
　　男式的，女式的，小孩的，千层底的，绣花鞋，虎头鞋，棉鞋

3205 鞋垫
　　绣花的，绣字的

3206 木屐
　　木屐

3207 草鞋
　　草鞋，麻鞋

3208 小脚鞋
　　小脚鞋

3291 鞋帽增补 1

3292 鞋帽增补 2

3293 鞋帽增补 3

三　首饰等

3301 头饰（戴在头上的）
　　银冠，花冠，羽冠

3302 发饰（插在头发上的）
　　簪，钗，梳篦，羽毛，头花

3303 耳饰
　　耳环，耳坠，耳钉，耳线

3304 项饰
　　项链，项圈，项丝，串珠

3305 胸饰
　　胸针，胸花

3306 腰饰
　　玉佩，佩刀，带钩，带环

3307 手饰
　　手镯，手链，戒指，扳指

3308 脚饰
　　脚镯，脚链

3309 汗巾（长条形、擦汗用的）
　　汗巾，汤布

3310 手绢（手工的）
　　绣花的，绣字的

3311 包（背的或提的）

挎的，背的，提的，包袱，褡裢

3312 荷包（随身携带、装零钱和零星东西的小包）
　　荷包

3391 首饰等增补 1

3392 首饰等增补 2

3393 首饰等增补 3

肆　饮食

一 主食

4101 馒头
　　方的，圆的

4102 米饭
　　糯米饭，八宝饭，二米饭

4103 稀饭
　　大米粥，小米粥，绿豆粥，菜粥，玉米糊，面糊，疙瘩汤，泡饭

4104 面条
　　手拉面，挂面，刀削面，面片

4105 米粉（条形的）
　　圆粉，宽粉，扁粉，饵丝，粉干

4106 饼
　　烧饼，火烧，烙饼，葱油饼，馕，煎饼，黄金饼，酥饼，肉夹馍

4107 包子
　　包子，小笼包，灌汤包，烧麦

4108 饺子
　　水饺，蒸饺，锅贴，水煎包

4191 主食增补 1

4192 主食增补 2

4193 主食增补 3

二 副食（节日习俗食品除外）

4201 糕点（当地出产的）
　　蛋糕，发糕，麻花，桃酥，核桃饼，杏仁饼，老婆饼

4202 面制品（农家自制自食的）
　　焦圈，炸糕

4203 米制品（农家自制自食的）
　　糍粑，江米条，米豆腐

4204 杂粮制品
　　窝窝头，玉米饼，地瓜干，红薯粉，蕨粉，粉条，粉丝

4205 豆制品
　　豆花，豆腐干，豆腐皮（千张），豆汁（制绿豆粉时剩下来的汁），炸豆腐，臭豆腐

4206 奶制品
　　酸奶，奶酪，奶皮，酥油

4207 糖果
　　麻糖，酥糖，梨膏糖，麦芽糖，姜糖，牛皮糖

4208 酒
　　黄酒，江米酒（酒酿、醪糟），药酒

4209 茶
　　茶叶，油茶，酥油茶

4210 烟
　　烟叶，烤烟（烤干的烟叶），烟丝

4291 副食增补 1

4292 副食增补 2

4293 副食增补 3

三 菜肴

4301 家常菜（农家平时最常吃的）
例如：炒青菜，辣椒炒酸菜，猪肉炖粉条

4302 干菜
霉干菜，干豆角，茄子干，萝卜干，黄瓜干，笋干

4303 肉干
肉干，鱼干

4304 腌菜（腌制的蔬菜）
酸菜，咸菜，酱菜，泡菜，泡椒

4305 腊味
腊肉，腊鱼，腌肉，腌鱼，熏肉，熏鱼

4391 菜肴增补 1

4392 菜肴增补 2

4393 菜肴增补 3

伍　农工百艺

一 农事

5101 田地
　　水田，梯田，坡地，山地

5102 耕田
　　耕田

5103 耙田
　　耙田

5104 插秧
　　插秧

5105 施肥
　　沤肥，烧草木灰，浇粪，上圈肥，撒灰

5106 赶麻雀
　　稻草人，假人，挂红布条

5107 收获
　　割稻子，割麦子，掰玉米，挖红薯，摘棉花

5108 脱粒
　　打场，打稻子，打麦子，打豆子，打油菜籽，打芝麻，搓玉米

5109 使净
　　扬场，用筛子筛，用风车扬，用簸箕簸

5110 草垛
　　稻草垛，麦秸垛，地上的，缠在树上的

5191 农事增补 1

5192 农事增补 2

5193 农事增补 3

二 农具

5201 **锄**
　　松土的，锄草的，掘地的

5202 **扁担**
　　平的，两头带垂钩的，㧅（两头尖的），竹子的

5203 **簸箕**（撮、簸粮食用的）
　　斗形的，圆盘形的

5204 **有梁的簸箕**（挑柴草用的）
　　底部畚箕式的，用木条或竹片做成架子式的

5205 **箩筐**
　　盛粮食的，盛农肥的，粪筐，大的，小的，带盖的，不带盖的

5206 **背篓**
　　双肩背的，单肩挎的，额头顶的

5207 **农用车**（非机动的）
　　独轮车，板车，马车，牛车

5208 **刀**（农具）
　　柴刀，草刀，镰刀，砍刀，铡刀

5209 **耙子**（耙 pá，聚拢柴草、翻谷物等用的）
　　钉耙，粪耙，铁耙，木耙，竹耙

5210 **犁**
　　犁

5211 耙（bà，碎土平地的）
　　钉齿耙，圆盘耙，木齿耙

5212 水车
　　脚蹬的，手摇的

5213 脱粒的用具
　　打稻桶，连枷，碾子（碾谷物的）

5214 筛子
　　谷筛，米筛，面筛（粉筛）

5215 风车（吹粮食使净的）
　　风车

5216 晒簟
　　晒簟

5291 农具增补 1

5292 农具增补 2

5293 农具增补 3

三　手工艺（调查当地传统手工艺的主要工具、活动和产品，㊝濒危的应摄像）

5301 泥瓦工
　　泥刀，泥桶，坠子

5302 石工
　　打石料，石雕

5303 窑工
　　制坯，坯子，烧窑

5304 木工
　　墨斗，鲁班尺，手工钻，木马

5305 篾工
　　刮刀，编竹席，编箩筐

5306 编织（编织器具）
　　编织，藤器，柳条器，荆条器，麦秸器，草编器

5307 雕花
　　雕花，木雕，竹雕，雕花门窗，雕花隔扇，雕花牛腿（悬臂梁与挂梁之间的构造）

5308 绘画（在家具等上）
　　绘画，家具绘画，壁画

5309 漆工
　　漆器

5310 理发
　　剃刀布，剃头挑子

5311 裁缝
　　熨斗，烙铁，裁缝铺

5312 鞋工
　　纳鞋底，铁拐子，锥子，楦子，鞋样

5313 锢露（用熔化的金属堵塞金属器物的漏洞）
　　锢露锅，吆喝（指叫卖声，下同）

5314 锔（用锔子连合破裂的陶瓷器等）
    锔碗，锔盆，锔缸，锔锅，吆喝

5315 磨刀
    磨刀，磨刀架，磨刀石，吆喝

5316 做棕绷
    做棕绷，棕绷

5317 弹棉花
    弹棉花，弓，锤，棉絮

5318 纺织
    纺纱，织布，纺车，纺锤，织布机，土布

5319 染布
    染布，染缸，染料，蜡染，染坊

5320 刺绣
    刺绣，绣架，绣法，苏绣，湘绣，蜀绣，粤绣

5321 剪纸
    剪纸，刻纸，阴刻，阳刻

5322 泥塑
    泥塑，泥人儿

5323 吹糖人儿
    吹糖人儿，画糖人儿，糖人儿，吆喝

5324 爆米花
    爆米花，转炉，吆喝

5391 手工艺增补 1

5392 手工艺增补 2

5393 手工艺增补 3

四 商业

5401 商店（传统的小商店）
　　杂货铺，小卖部，代销店，经销店

5402 货摊
　　摊位，地摊

5403 货郎
　　货郎担，货郎鼓

5404 招牌
　　招牌，幌子

5405 杆秤
　　杆秤，十六两秤，制作杆秤

5406 量筒
　　量筒，酒提，油提

5491 商业增补 1

5492 商业增补 2

5493 商业增补 3

五 其他行业（摄 濒危的应摄像）

5501 烧炭
　　烧炭工，烧炭，炭窑，木炭

5502 打猎
猎人，猎枪，铳，箭，夹子，套子，笼子，陷阱，猎物

5503 割漆
割漆，漆树

5504 种菇
种香菇，菇棚

5505 放牧
牧童，羊倌，放牛，放羊

5506 放家禽
放鸡，放鸭，放鹅

5507 呼唤畜禽声（如发音特殊可加以说明）摄
呼唤猪、牛、羊、马、驴、骡、狗、猫、鸡、鸭、鹅

5508 驱赶畜禽声（如发音特殊可加以说明）摄
驱赶猪、牛、羊、马、驴、骡、狗、猫、鸡、鸭、鹅

5509 捕鱼
渔民，网鱼，捞鱼，叉鱼，渔网，鱼篓，渔船，鱼塘，渔场

5510 酿酒
酒曲，榨酒机，酿酒作坊，酒窖

5511 制茶
揉茶，炒茶，炒茶锅，烘焙

5591 其他行业增补 1

5592 其他行业增补 2

5593 其他行业增补 3

陆　日常活动

一 起居

6101 吃饭
　　打拼伙（聚餐），长桌宴

6102 喝酒
　　敬酒（当地敬酒的方法）

6103 划拳 摄
　　划拳方法，划拳用语

6104 座次
　　座次，上座，末座

6105 喝茶
　　茶馆，茶具

6106 抽烟
　　抽旱烟，吸水烟，吸鼻烟，旱烟袋，水烟筒，鼻烟壶

6107 梳头
　　梳髻，梳辫子

6108 聚会 摄
　　聊天儿（摆龙门阵），村里聊天儿的场所（亭子、鼓楼）

6109 赶集
　　赶集，集市

6191 起居增补 1

6192 起居增补 2

6193 起居增补 3

二　娱乐

6201 下棋（当地传统通行的）
　　石子棋（一般用石子在地上下）

6202 打牌
　　打扑克（当地通行的打法及其名称），打骨牌（上面刻着点的），打麻将（当地通行的打法及其名称）

6203 赌博（当地传统通行的）
　　㊗押宝

6204 捉拿游戏㊢
　　捉迷藏（一人蒙眼逮人），同伴先躲藏起来再由一个人去寻找，老鹰捉小鸡，跑圈（圈外的人抓圈内的人），丢手绢

6205 格斗游戏㊢
　　掰手腕，拔河，斗鸡（双手抓住自己的一只脚腕，另一只脚跳着和对方相撞），摔跤

6206 手法游戏㊢
　　翻绳变花样，挑棍儿，拾子儿（过程是抛子、抓子、接子），弹子儿（用手指头弹玻璃球等），拍洋画，石头剪子布，推铁环，打陀螺，打水漂

6207 脚法游戏㊢
　　跳绳，跳皮筋，跳房子（跳方格），跳马，踢毽子

6208 其他游戏㊢
　　过家家，丢沙包，荡秋千，放风筝

6209 动物相斗
　　斗鸡，斗蛐蛐儿，斗牛

6210 动物赛跑
　　赛马，跑马，赛牛，赛狗

6211 竹木玩具
木刀，木剑，木枪，竹水枪，竹蜻蜓，竹节人

6212 纸制玩具
纸枪，纸飞机，纸船，纸风车

6213 其他玩具
弹弓，拨浪鼓

6214 当地有特色的乐器 摄
树叶，芦笙，葫芦丝

6215 当地说唱表演里有特色的道具 摄
竹板，马头琴，面具

6216 当地有特色的舞蹈 摄
祭祀舞，丰收舞，迎宾舞，腰鼓舞

6217 戏台
戏台，舞台

6291 娱乐增补 1

6292 娱乐增补 2

6293 娱乐增补 3

三 信奉

6301 当地寺庙里的神像
如来佛，弥勒佛，观音菩萨，罗汉，妈祖

6302 当地民间的神像
土地神，灶神，门神，财神，树神，城隍，关老爷，阎王

6303 宗教建筑
　　寺庙，道观，庵，教堂，礼拜堂，清真寺

6304 神龛
　　神龛，土地神龛，灶神龛，财神龛，树神龛

6305 供具
　　香案，香炉，香，烛，莲花灯

6306 拜神
　　请香，念经，撞钟，跪拜，转经，做礼拜

6307 祭祖
　　祠堂，祖图，祖先画像，族谱

6308 算命（凭生辰八字算）摄
　　算命先生，算命，幡

6309 看相 摄
　　看相先生，看面相，看手相，看骨相

6310 测字 摄
　　测字先生，测字，测字法

6311 占卜 摄
　　打卦，掷珓，求签，签诗，抽牌，牌

6312 看风水
　　风水先生，看风水，罗盘

6313 通灵（专业的）摄
　　男巫（师公、道公、萨满），女巫（仙婆、仙姑），跳大神，请仙婆，请碟仙

6314 用方术治病（家里人自己做的）摄

招魂，喊魂，竖筷子，贴"天皇皇地皇皇，我家有个夜哭郎……"

6315 辟邪

护身符，门神，钟馗像，八卦图，照妖镜，剪子，筛子，剑，照壁，泰山石敢当

6391 信奉增补 1

6392 信奉增补 2

6393 信奉增补 3

柒　婚育丧葬

一 婚事

7101 说媒
媒人，说媒，谢媒

7102 订婚
提亲，相亲，看人家，合八字，定日子，见面礼（给女方的），回礼（给男方的）

7103 聘礼
贡礼官，聘金，礼物

7104 嫁妆
家具，被枕，首饰，嫁妆箱

7105 出嫁前的仪式摄
梳头，盘头，开脸，哭嫁，饿嫁

7106 迎亲摄
接亲，拦门，开门封（红包），吹打，抬花轿，背新娘

7107 人物
新郎，新娘，伴郎，伴娘，司仪

7108 婚服
新郎礼服，凤冠霞帔，盖头，头花，绣花鞋，龙凤镯子

7109 婚礼摄
新娘进门，拜堂，喝交杯酒，跨火盆，入洞房

7110 喜宴摄
喜帖，喜糖，宴席，敬酒谢客，送红包

7111 新房
  新房，囍字，花床，龙凤被枕，龙凤对烛，对联，牌匾

7112 闹洞房 摄
  揭盖头，逗新娘，亲新娘，罚新郎，听洞房

7113 回门
  回门，礼物

7191 婚事增补 1

7192 婚事增补 2

7193 婚事增补 3

二 生育

7201 祈子
  拜送子观音、拜王母娘娘，挂麒麟送子图，拴泥娃娃，送灯

7202 催生（岳母到女婿家看望快要分娩的女儿）
  催生，催生礼

7203 报喜（女婿到岳母家报告小孩出生的消息）
  报喜，红鸡蛋

7204 三朝
  洗三朝浴，三朝酒，三朝礼

7205 坐月子
  禁忌，喝米酒，吃猪蹄，煲姜醋

7206 满月
  满月酒，剃满月头，胎毛笔，双满月

7207 满百日
百家衣，百家饭，长命锁，百日酒

7208 满周岁
抓周，周岁宴

7209 祝寿
寿堂，寿星，拜寿，寿宴，寿面，寿桃

7291 生育增补 1

7292 生育增补 2

7293 生育增补 3

三 丧葬

7301 报丧
报丧

7302 棺材
棺材，寿材

7303 寿衣
寿衣，寿鞋，寿帽

7304 灵堂 摄
灵堂，灵位，烧纸盆，挽联，花圈，守灵

7305 孝服
披麻戴孝，丧服，孝巾，白鞋

7306 祭品
陪葬品，祭品，纸扎，纸房子，纸钱，冥币

7307 丧礼 ㊝

　　入殓，做道场，丧宴，送礼金，谢孝

7308 出殡 ㊝

　　砸碗盆，起棺，抬棺，哭丧，哭丧棒，引魂幡，撒纸钱

7309 下葬 ㊝

　　挖墓穴，落棺，做坟墓，骨灰坛，尸骨坛

7310 坟墓

　　坟墓，坟地，墓碑

7311 做七（死后逢七日祭奠一次至四十九日止）

　　设灵座，供木主，做法事，祭奠

7391 丧葬增补 1

7392 丧葬增补 2

7393 丧葬增补 3

捌　节日

一 春节（注意记出节日名称，下同）

8101 小年（腊月廿三或廿四，以祭灶为主要内容）摄
过小年，祭灶，送灶，灶神像，糖瓜，掸尘

8102 春联
贴春联，门联，柱联

8103 窗花（参看5321剪纸）
剪窗花，刻窗花，贴窗花，窗花

8104 字画
门神像，年画，字幅（例如贴在屋门上、猪圈上的），剪成元宝等形状的红纸

8105 糕点食品（过年期间农家自制的）
年糕，花馍（面花），油炸面食，冬米糖，炒米

8106 除夕 摄
谢年，祭祖，长明灯，守岁

8107 年夜饭
包饺子，整桌菜肴，吃年夜饭

8108 迎新年 摄
放鞭炮，开门，接神，天地桌，踩岁

8109 正月初一
穿新衣，忌扫除（有无相关词语），上坟

8110 拜年
磕头，压岁钱

8111 回娘家（正月初二或初三）
回娘家，礼品

8112 送年（正月初二或初三或初五）
　　烧门神像，送祖先

8113 破五（正月初五）
　　送穷，祭财神，开市

8114 人日（正月初七）
　　人日菜，七样羹

8191 春节增补 1

8192 春节增补 2

8193 春节增补 3

二　元宵节

8201 灯会㊙
　　耍龙灯，赏灯，灯会，彩灯，灯笼，灯谜

8202 元宵节活动（除灯会外）㊙
　　舞龙，舞狮，跑旱船，踩高跷，走百病，扭秧歌

8203 元宵节饮食
　　元宵，汤圆，汤团

8291 元宵节增补 1

8292 元宵节增补 2

8293 元宵节增补 3

三 清明节

8301 上坟(摄)
　　扫墓，祭祀，做纸钱，烧纸钱，标纸（在坟上压纸），插旗（在坟上插纸幡）

8302 清明节活动（除上坟外）(摄)
　　禁火，踏青，荡秋千，放风筝

8303 清明节饮食
　　青团，清明粿，馓子，子福，枣糕

8391 清明节增补 1

8392 清明节增补 2

8393 清明节增补 3

四 端午节

8401 端午节活动(摄)
　　赛龙舟，龙舟，挂菖蒲艾叶，薰苍术白芷，画额，钟馗像

8402 端午节饮食
　　包粽子，粽子，喝雄黄酒，吃五黄

8491 端午节增补 1

8492 端午节增补 2

8493 端午节增补 3

五 中秋节

8501 中秋节活动㊝
赏月，兔儿爷，玩花灯，舞火龙

8502 中秋节饮食
月饼

8591 中秋节增补 1

8592 中秋节增补 2

8592 中秋节增补 3

六 其他节日（㊝有特色的活动应摄像）

8601 立春
迎春，打牛，春牛图，春卷

8602 二月二
剃头，回娘家，春饼

8603 三月三
荠菜煮鸡蛋，水边饮宴，郊外踏青，歌会

8604 立夏
立夏饭，立夏蛋（鸡蛋），称体重

8605 六月六
洗晒，洗浴

8606 七夕
乞巧，巧饼，拜织女

8607 七月十五（中元节）
    祭祖，放河灯

8608 立秋
    贴秋膘，啃秋

8609 重阳节
    登高，赏菊，重阳糕

8610 立冬
    补冬

8611 冬至
    吃饺子，吃汤圆，祭祖

8612 腊八
    腊八粥，腊八蒜，腊八面，五豆

8691 其他节日增补 1

8692 其他节日增补 2

8693 其他节日增补 3

玖　说唱表演

一 口彩禁忌（㊜通过活动表现的应摄像）（约30条）

9101 吉祥口彩

数字"3"，数字"6"，双喜临门（"囍"字贴在门上），福到了（"福"字倒贴），五福临门（一个"福"字加四只蝙蝠的图案贴在门上），福禄寿（有蝙蝠、鹿、寿桃的画），春到了（"春"字倒贴），橘（俗写作"桔"。吉）

9102 财富口彩

数字"8"，发财（发菜），生财（生菜），进财（正月初二往家里进柴），进利（商人养的锦鲤），财神爷（过年时鲤鱼），好市（蚝豉），彩头（过年时菜头萝卜），年年有余（年夜饭上鱼不吃完），都富（婚礼上及过年时豆腐）

9103 长寿口彩

数字"9"，长生（过年时花生），长命灯（洞房里的长明灯），坐长寿夜（守岁），百岁（小孩百日）

9104 子嗣口彩

有喜（怀孕），早子（枣），立子（栗子），连子（莲子、楝子），快子（筷子），儿女汤（枣、花生等做成的疙瘩汤），子孙饽饽（半生不熟的饺子），传代、接代（新娘从传递着的麻袋上步入洞房）

9105 避凶求吉

避"4、死、病、凶、离、散、破、碎、裂、翻、住、干、折（亏损）、输、吃药"等。例如：老了（死了），吉屋（空屋），圆果（梨），岁岁平安（器皿打碎了），挣了（饺子煮碎了），粉利（粉干），猪利、猪赚、猪挣、猪趁、猪招财（猪肝），猪湿、猪润（猪舌），通胜（通书历书），百有（伯母），遮（伞），吃茶（吃中药）

9106 避俗求雅

婉称"马桶、厕所、上厕所、男阴、女阴、性交、精液、来月经、生孩子、吃醋"等。例如：净桶（马桶），唱歌（上厕所），下身（阴部），爬（马或骡交配），来好事（来月经），添、拾、领孩子（生孩子），忌讳（醋）

9191 口彩禁忌增补 1

9192 口彩禁忌增补 2

9193 口彩禁忌增补 3

二 骂人话（约 5 条）

9201 口头禅式的骂人话
他妈的，他娘的，妈的，娘的

9202 有一定实义的常用的骂人话
我俞，狗日的，丫挺的（丫头养的），屄养的，龟儿子，短命的

9291 骂人话增补 1

9292 骂人话增补 2

9293 骂人话增补 3

三 俗语谚语（约 35 条）

9301 顺口溜
例如：一斗穷，二斗富……。又如：腊八粥，喝几天，哩哩啦啦二十三；二十三，糖瓜粘；二十四，扫房子；二十五，糊窗户；二十六，炖大肉；二十七，宰公鸡；二十八，把面发；二十九，蒸馒头；三十晚上熬一宿，大年初一扭一扭。

9302 农业谚语

例如：种田不上粪，等于瞎糊混。

9303 气象谚语

例如：朝霞不出门，晚霞行千里。

9304 生活谚语

例如：不是一家人，不进一家门。

9305 其他谚语

例如：三个臭皮匠，赛过诸葛亮。

9306 歇后语

9307 谜语

例如：麻屋子，红帐子，里头住着白胖子——花生

9391 俗语谚语增补 1

9392 俗语谚语增补 2

9393 俗语谚语增补 3

四　歌谣（约 10 条）

9401 童谣（儿歌）

例如：一二三四五，上山打老虎；老虎没打到，见到小松鼠；松鼠有几只？让我数一数；数来又数去，一二三四五。又如：你拍一，我拍一……

9402 摇篮曲

例如：摇啊摇，摇到外婆桥，外婆做了白米饭，乌鲤鱼，鲞汤浇，头不熟，火筒烧，一烧烧得尾巴焦。

9403 民歌

例如：信天游、花儿、采茶歌、山歌、山曲、爬山调、晨歌、姐儿

歌、背二哥、慢赶牛、坐堂歌、敬酒歌

9491 歌谣增补 1

9492 歌谣增补 2

9493 歌谣增补 3

五　曲艺戏剧（约 5 条）

9501 用当地方言说唱的曲艺（每种记录一个节目，每个限 10 分钟以内）

例如：京韵大鼓、天津时调、天津快板、数来宝、二人转、山东快书、河南坠子、苏州评弹、南京白局、海安花鼓、扬州评话、凤阳花鼓、莲花落

9502 用当地方言演唱的戏剧（每种记录一个以说唱为主的节目或片段，每个限 10 分钟以内）

例如：越剧、粤剧、歌仔戏、木偶戏、皮影戏

六　故事吟诵（约 5 条）（每个限 10 分钟以内）

9601 规定故事

牛郎和织女

古时候，有一个小伙子，父母都去世了，孤苦伶仃，家里只有一头老牛，大家都叫他牛郎。

牛郎靠老牛耕地为生，与老牛相依为命。老牛其实是天上的金牛星，他喜欢牛郎勤劳善良，所以想帮他成个家。

有一天，金牛星得知天上的仙女们要到村东边山脚下的湖里洗澡。他就托梦给牛郎，要他第二天早晨到湖边去，趁仙女们洗澡的时候，取走一件仙女挂在树上的衣裳，然后头也不回地跑回家来，就会得到一位美丽的仙女做妻子。

这天早晨，牛郎半信半疑地到了山脚下，在朦胧之中，果然看见七个美女在湖中戏水，他立即拿起树上的一件粉红衣裳，飞快地跑回家。

这个被抢走衣裳的仙女就是织女。当天夜里，她轻轻敲开牛郎家的门，两人做了恩爱夫妻。

　　一转眼三年过去了，牛郎和织女生了一男一女两个孩子，一家人过得很开心。但是，织女私自下凡的事被玉皇大帝知道了。有一天，天上电闪雷鸣，并刮起大风，下起大雨，织女突然不见了，两个孩子哭着要妈妈，牛郎急得不知如何是好。

　　这时，那头老牛突然开口了："别难过，你把我的角拿下来，变成两个箩筐，装上两个孩子，就可以上天宫去找织女了。"牛郎正奇怪，牛角就掉到了地上，真的变成了两个箩筐。牛郎把两个孩子放到箩筐里，用扁担挑起来，只觉得一阵清风吹过，箩筐像长了翅膀，突然飞了起来，腾云驾雾地向天宫飞去。飞啊，飞啊，眼看就要追上织女了，却被王母娘娘发现了。她拔下头上的一根金钗，在牛郎、织女中间一划，立刻出现一条波涛滚滚的天河，宽得望不到对岸，把小两口隔开了！

　　喜鹊非常同情牛郎和织女。每年农历的七月初七，成千上万只喜鹊都飞到天河上，一只衔着另一只的尾巴，搭起一座长长的鹊桥，让牛郎和织女团聚。

9602 自选故事

9603 吟诵（用方言吟咏诵读诗文）

后　记

　　"方言文化"如何定义，怎么调查，调查材料怎么整理和加工？这是我国学术界一直没有解决的问题。

　　2010年，我和王莉宁、刘晓海、李永新、张勇生、杨慧君等人一起，开始了《中国方言文化典藏调查手册》的编写工作。该手册分"工作规范"和"调查表"两编。我先把编写任务分解成若干部分，由大家分头编写初稿，然后利用上课的机会，在课堂上集中讨论，讨论后再继续修改。这种工作机制差不多持续了一年，终于在2011年1月完成了《中国方言文化典藏调查手册》的初稿。

　　2011年，教育部社会科学司把"中国方言文化典藏"列入《2011年度教育部哲学社会科学研究重大课题攻关项目招标课题指南》，我们组织了竞标并有幸获得通过。在此过程中，我们根据重大课题攻关项目的要求，结合在试验调查中发现的问题，不断修订完善，于2012年1月正式印刷了供课题组使用的《调查手册》。

　　该版手册中"工作规范"只写了"调查规范"和"整理规范"两部分。随着工作的推进，调查材料加工和调查成果编写等问题陆续提了出来。于是，由王莉宁、刘晓海、李斌等人在原有基础上修订补充，编写成"调查规范"、"语料整理规范"、"图册编写规范"、"音像加工规范"和"资料提交规范"，形成了一个比较完整的工作规范体系。

　　作为方言文化方面的第一个工作规范体系和第一份调查表，肯定还有许多需要进一步完善的地方。为了推动我国方言文化调查研究和保存保护工作，商务印书馆欣然同意出版这本《调查手册》，使我们深感荣幸。在此谨向商务印书馆表示衷心的感谢！

　　需要说明的一点是，为便于调查记录，原"调查表"在条目之间留有较大的空间，但考虑到出版的需要，只好减少留空。如果记录时感到空间太少，建议记录在专门的笔记簿上。

　　去年，在观看纪录片《犴达罕》时，里面那位酗酒而带有诗人气质的鄂温克猎人说的两段话深深震撼了我，也刺痛了我。一是在漆黑的夜色中，在一堆熊熊燃烧的篝火旁，他半醉半醒地说道："我从弓与箭的文化寰球，来到了原子弹的时代。他们把我抛出去。我们的文化正在消失，语言和制度也在消失……，剩下的只能适应了。"第二次是在风雪交加的森林里，他绝望地怒吼道："一个民族失去了自己的文化，就等于失去了一切！失去了一切，就面临着消亡！"作为学者，我们所能做的，只是在这些珍贵的语言文化消失之前，尽可能地把它们记录下来，保存下去。当然，这项任务是如此艰巨又是如此紧迫，决不是几个人所能完成的。因此，我们希望有更多的人加入到这个队伍当中来，而这正是出版这本书的主要目的。

曹志耘
2014 年 9 月 19 日

补记：

随着"中国语言资源保护工程"的启动，教育部语言文字信息管理司经审查同意把本书列入《中国语言生活绿皮书》A 系列，作为该工程"语言文化调查项目"的工作规范和调查表。对此我们深感荣幸，并表示衷心的感谢！

曹志耘
2015 年 2 月 9 日